# PSYCHOLOGIE

## APPLIQUÉE A L'ÉDUCATION



PAR

**GABRIEL COMPAYRÉ**

ANCIEN ÉLÈVE DE L'ÉCOLE NORMALE SUPÉRIEURE, AGRÉGÉ DE PHILOSOPHIE,
DOCTEUR ÈS LETTRES, PROFESSEUR AUX ÉCOLES NORMALES
SUPÉRIEURES D'INSTITUTEURS ET D'INSTITUTRICES, MEMBRE DU CONSEIL SUPÉRIEUR
DE L'INSTRUCTION PUBLIQUE.

DEUXIÈME PARTIE

**APPLICATION**

PARIS

LIBRAIRIE CLASSIQUE PAUL DELAPLANE

48, RUE MONSIEUR-LE-PRINCE, 48

# PSYCHOLOGIE

APPLIQUÉE A L'ÉDUCATION

DEUXIÈME PARTIE

## APPLICATION

3114-89. — Corbeil. Imprimerie Crété.

# PSYCHOLOGIE

## APPLIQUÉE A L'ÉDUCATION

PAR

**GABRIEL COMPAYRÉ**

ANCIEN ÉLÈVE DE L'ÉCOLE NORMALE SUPÉRIEURE, AGRÉGÉ DE PHILOSOPHIE,
DOCTEUR ÈS LETTRE, PROFESSEUR AUX ÉCOLES NORMALES
SUPÉRIEURES D'INSTITUTEURS ET D'INSTITUTRICES, MEMBRE DU CONSEIL SUPÉRIEUR
DE L'INSTRUCTION PUBLIQUE.

---

DEUXIÈME PARTIE

## APPLICATION



PARIS

LIBRAIRIE CLASSIQUE PAUL DELAPLANE

48, RUE MONSIEUR-LE-PRINCE, 48

## CONCORDANCE DES OUVRAGES

### DE M. G. COMPAYRÉ

AVEC LES PROGRAMMES DES ÉCOLES NORMALES

*du 10 janvier 1889*

---

#### PREMIÈRE ANNÉE

**Psychologie appliquée à l'éducation.**

PREMIÈRE PARTIE : *Notions théoriques*. 1 vol. in-12, br. 3 fr. »
— Relié, toile anglaise souple........ ............... 3 fr. 50
DEUXIÈME PARTIE : *Application*. 1 vol. in-12, broché. 2 fr. »
— Relié, toile anglaise souple....................... 2 fr. 50

#### DEUXIÈME ANNÉE

**Cours de morale théorique et pratique.** 1 vol. in-12, br. 3 fr. »
— Relié, toile anglaise souple....................... 3 fr. 50

#### TROISIÈME ANNÉE

*Revision des Cours de psychologie et de morale de 1re et de 2e année.*

**Pédagogie pratique et administration scolaire** (Organisation pédagogique; discipline ; autorités préposées à la direction et à la surveillance des écoles; règlement départemental; loi, décret et arrêté du 30 octobre 1886 et du 18 janvier 1887). 1 vol. in-12. broché....................................... 2 fr. 50
— Relié, toile anglaise souple....................... 3 fr. »

**Histoire de la pédagogie** Principaux pédagogues et leurs doctrines; analyse des ouvrages les plus importants). 1 volume in-12, broché....................................... 3 fr. 50
— Relié, toile anglaise souple............. ........ 4 fr. »

**Notions d'économie politique** (V. le *Cours d'instruction civique*).

**L'instruction civique** (Cours complet, suivi de *Notions d'économie politique*). 1 vol. in-12, broché.............. 3 fr. »
— Relié, toile souple anglaise...................... 3 fr. 50

#### Publication s'adressant aux élèves des trois années.

**Cours de pédagogie théorique et pratique.** 1 fort volume in-12, broché.................... ...................... 3 fr. 50
— Relié, toile souple anglaise........ ............... 4 fr. »

---

# PSYCHOLOGIE

## APPLIQUÉE A L'ÉDUCATION

DEUXIÈME PARTIE

## APPLICATION

## PREMIÈRE LEÇON

### 1. — ÉDUCATION PHYSIQUE.

#### HYGIÈNE GÉNÉRALE.

Considérations générales. — Diverses parties de l'éducation. — Importance de l'éducation physique. — But de l'éducation physique. — Divers moyens de l'éducation physique. — L'hygiène. — L'hygiène d'après Horace Mann. — Hygiène générale et hygiène scolaire. — L'éducation physique d'après M. Herbert Spencer. — La propreté. — La sobriété. — Les privations. — Les lois de la santé et de la vie.

**Considérations générales.** — Ce n'est pas dans la seule pensée de connaitre théoriquement les lois de la nature humaine que nous venons d'étudier les éléments de la psychologie (1): notre but était surtout de préparer l'étude de la pédagogie. S'il importe, en effet, de connaitre l'homme, c'est moins pour être en

N. B. — La première partie (1 vol. in-12) a pour titre : *Notions théoriques*, Paul Delaplane, éditeur.

(1) Voir *Psychologie appliquée à l'éducation*, première partie : *Notions théoriques*.

état d'énumérer savamment ses diverses fonctions psychologiques, que pour réussir pratiquement à l'élever, à le moraliser. Pédagogie et morale ne sont que psychologie appliquée.

A vouloir régler l'éducation sans avoir analysé les facultés de la nature humaine, on risquerait de commettre les erreurs les plus grossières ; on s'égarerait, on marcherait à l'aventure, comme un voyageur, dans un pays inconnu dont il n'a pas la carte sous les yeux. Au contraire, muni de bonnes observations psychologiques, l'éducateur est en mesure de déterminer les lois théoriques et générales qui président au développement des esprits et des caractères; et de plus, ce qui n'est pas moins important, il s'est préparé à démêler aisément, dans l'individualité de chacun de ses élèves, les tendances et les inclinations qui lui sont particulières. Il n'est possible d'agir efficacement sur le caractère d'un enfant que lorsqu'on est parvenu à le connaître. Or, sans la clef que la psychologie nous met entre les mains, l'enfant resterait pour nous une indéchiffrable énigme.

Mettons donc à profit les connaissances acquises dans l'étude de la psychologie. En y joignant quelques notions élémentaires d'anatomie * et de physiologie *, nous aurons réuni tous les principes sur lesquels on peut construire la science et l'art de l'éducation.

**Diverses parties de l'éducation.** — De la connaissance de l'homme, de la dualité du corps et de l'esprit et de la diversité des facultés mentales, il résulte d'abord que l'éducation comprend plusieurs parties, qui correspondent aux divisions essentielles de l'être humain. « L'éducation, comme le disait Laboulaye *, a pour objet de permettre à chaque individu d'atteindre au développement le plus complet de son corps, de son esprit, de son cœur (1). » Ou encore,

(1) E. Laboulaye, *Les méthodes d'enseignement*, 1877.

comme nous l'avons écrit nous-même : « L'éducation est l'ensemble des efforts réfléchis par lesquels on aide la nature dans le développement des facultés physiques, intellectuelles et morales de l'homme (1). »

En d'autres termes, il y a une *éducation physique*, une *éducation intellectuelle*, une *éducation morale*, réellement distinctes l'une de l'autre, puisqu'elles tendent, la première, à développer, à fortifier le corps; la seconde, à cultiver les facultés intellectuelles et à communiquer les connaissances positives; la troisième, à former le cœur et la volonté.

Mais, d'autre part, la psychologie nous a appris à reconnaitre, dans la diversité des fonctions, l'unité de l'être humain, la solidarité de toutes les facultés; d'où il ressort évidemnent que les diverses parties de l'éducation doivent s'entr'aider, se compléter l'une l'autre et concourir harmonieusement à la même œuvre.

Les sentiments élevés, l'énergie du caractère que l'éducation morale s'attache à nous garantir, relèvent en partie de la droiture du jugement, de la solidité des connaissances, qui sont l'objet propre de l'éducation intellectuelle.

Et d'autre part ne sait-on pas que les facultés de l'intelligence s'épanouissent plus sûrement à l'abri d'un cœur pur et d'une volonté droite?

Enfin, à raison des rapports intimes du physique et du moral, il n'est pas moins évident qu'un corps robuste et sain est la condition nécessaire du développement intellectuel et moral de l'homme.

**Importance de l'éducation physique.** — Nous n'apprendrons rien à personne, en constatant qu'une vigoureuse campagne se poursuit de nos jours en faveur de l'éducation physique (2).

(1) Voyez notre *Cours de pédagogie théorique et pratique*. 6e édition. p. 18.

(2) Entre autres faits, sans parler des livres, nous citerons l'organisation du « Comité pour la propagation des exercices physiques », présidé par M. Jules Simon, et de la « Ligue nationale de l'éducation physique », présidée par M. Berthelot.

Diverses causes expliquent ce mouvement d'opinion :

1° On comprend mieux qu'autrefois, grâce aux progrès de la science, la vérité de l'antique adage : « Une âme saine dans un corps sain », *mens sana in corpore sano*. On n'en est plus à croire, comme les mystiques du moyen âge, que pour fortifier l'esprit il faille appauvrir et affaiblir le corps. La corrélation des énergies physiques et des forces mentales est désormais démontrée.

2° Les exigences croissantes des programmes d'études, l'intensité du labeur intellectuel imposé aux jeunes générations, dans une société où la lutte pour l'existence devient chaque jour plus âpre et où la victoire appartient au plus instruit, enfin la fatigue cérébrale qui en est la conséquence : tout cela avertit l'éducateur qu'il est de plus en plus nécessaire de compenser, de contre-balancer l'usure plus grande de l'esprit par un correctif proportionné de jeux, de récréations, de soins hygiéniques, par tout ce qui peut consolider les forces physiques.

3° D'autre part, les conditions générales de la vie moderne, l'étiolement inévitable de la santé dans les agglomérations populeuses des grandes villes, les raffinements de la civilisation, l'influence pernicieuse de l'alcoolisme, tout ce qui tend à abâtardir l'espèce humaine, sans parler de la décadence fatale d'une race vieillie : voilà encore une série de raisons nouvelles pour lutter contre la dégénérescence physique, par une culture plus attentive, plus raisonnée, des organes et des fonctions du corps.

4° Enfin nous comprenons chaque jour davantage qu'il convient d'introduire dans l'éducation la préparation pratique à la vie professionnelle. Les travaux manuels sont justement en honneur à l'école. Les princes eux-mêmes apprennent un métier : l'empereur d'Allemagne, dit-on, est relieur. Mais ce qui n'est que délassement et fantaisie pour les uns est nécessité pour les autres; et par suite l'obligation s'impose de développer par l'éducation physique les qualités d'agilité et d'adresse, la dextérité des mains, la célérité des mouvements, en un mot, tout ce qui fait le bon ouvrier.

**But de l'éducation physique.** — De toutes ces raisons il ressort que l'éducation physique a pour but général la *santé* et la *force* du corps, et pour but particulier l'*habileté*. Joignons-y encore la *beauté*, à l'exemple des anciens Grecs qui envoyaient les enfants au gymnase, non seulement pour assouplir les membres, pour raidir les muscles, mais aussi pour développer les formes plastiques* du corps.

Se bien porter, être vigoureux et robuste, être habile de ses mains, de ses doigts, enfin, si on le peut, être beau et remédier dans la mesure du possible aux infirmités qui enlaidissent et qui déforment : tels sont les commandements de l'éducation physique. Sans doute, c'est la nature souvent qui nous met en mesure de nous y conformer, par les dons qu'elle nous fait, par le tempérament et la constitution dont elle nous dote à la naissance; mais l'art humain dispose aussi de certains moyens pour nous aider à conserver, à accroître les bienfaits de la nature ou pour corriger ses injustices.

**Divers moyens de l'éducation physique.** — Deux mots résument les moyens divers que l'éducation physique peut mettre en œuvre : d'une part l'*hygiène*, de l'autre la *gymnastique*.

D'un côté, il y a des précautions à prendre, des principes à observer, pour maintenir dans leur intégrité les organes du corps et les fonctions de la vie : c'est là l'objet propre de l'hygiène.

D'un autre côté, le corps, comme l'esprit, a besoin de mouvement, d'exercice, d'activité : et c'est à quoi répond la gymnastique, en y comprenant les jeux.

**L'hygiène.** — L'hygiène est en quelque sorte la morale du corps, un code de prohibitions et de préceptes impératifs, soit pour interdire tout ce qui est nuisible, soit pour recommander tout ce qui est salutaire.

Elle peut être définie : *l'art de conserver la santé*, mais elle est aussi l'art de l'accroître. Il y a en effet santé et santé. Comme le fait observer M. F. Pécaut*, « nos élèves peuvent n'être pas malades, sans être pour cela bien portants (1) ». Il y a dans le monde nombre de santés précaires qui se contentent d'échapper à la mort. Mais ces existences malingres et souffreteuses ne suffisent pas pour le rude labeur de la vie. Il nous faut demander à l'hygiène une santé qui nous permette de vivre pleinement, de satisfaire à toutes nos obligations, et en particulier de n'être point une charge, ou tout au moins une occasion de soucis perpétuels, pour ceux qui nous entourent et qui nous aiment. Nous sommes coupables si, par nos imprudences, nous abrégeons notre vie, si nous manquons trop tôt à notre famille qui a besoin de nous; nous le sommes encore si, faute de soins, par incurie, si par désobéissance volontaire ou non aux règles de l'hygiène, nous compromettons notre santé et ne savons pas acquérir les forces nécessaires pour nous acquitter de tous nos devoirs. « Rien n'aide à expédier les affaires, disait Bacon*, comme une bonne santé; une santé chancelante nous met trop souvent en vacances. »

« L'hygiène, d'après Rousseau*, est moins une science qu'une vertu »; à vrai dire, elle est d'abord une science, fondée sur les lois de la vie; et pratiquée, elle devient une vertu, ce que M. H. Spencer* appelle avec raison la *moralité physique*.

Le premier de nos devoirs en un sens, c'est de vivre, de vivre longtemps. Or, bien souvent, l'homme ne meurt pas, il se tue : il se tue, faute d'avoir suivi les prescriptions de l'hygiène, cette médecine préventive

(1) *Hygiène des écoles primaires*, Paris, Imprimerie Nationale, 1884, p. 301.

qui, dans une certaine mesure, nous permet de nous passer de l'autre.

**L'hygiène d'après Horace Mann.** — Horace Mann * a plaidé avec son éloquence habituelle la cause de l'hygiène, et il l'a gagnée, devant ses compatriotes, en faisant admettre dans les programmes scolaires, dès 1842, l'enseignement des notions d'hygiène. Horace Mann avait pris en pitié, et ceux qui, enfants ou adultes, meurent avant l'âge, et ceux qui prolongent dans les infirmités ou dans la maladie une existence languissante, pénible à eux-mêmes, inutile aux autres. Que de vies enfantines fauchées dans leur fleur! Et aussi que de millions de santés débiles, perdues pour la famille, perdues pour la société! La part une fois faite à la nature, aux inévitables fatalités du tempérament, n'est-il pas vrai que nombre de ces maladies et de ces morts prématurées auraient pu être évitées, si l'on n'avait, par ignorance ou par négligence volontaire, transgressé les lois de la santé et de la vie?

« Il y a trois quarts de siècle, disait Horace Mann, les lois de l'électricité étaient inconnues : aujourd'hui chacun participe au bénéfice des découvertes de Franklin *. Les lois de la santé et de la vie doivent à leur tour être vulgarisées, car elles sont pour nous d'une souveraine importance. Si la foudre fait une victime et cause un dommage d'un dollar, l'infraction aux lois physiologiques tue des millions d'hommes et anéantit des milliards de dollars. Point de bonheur, point de prospérité sans la santé. Dans la grande œuvre de l'éducation, notre condition physique doit être le premier objet de notre étude; il est le premier en tout cas dans l'ordre chronologique. Sur le solide fondement d'une bonne santé doit s'élever ensuite l'édifice du savoir, et si au sommet de celui-ci s'allume le flambeau du devoir et de la bienveillance, l'amour de Dieu et de l'homme, l'humanité connaîtra enfin la prospérité et le bonheur (1). »

**Hygiène générale et hygiène scolaire.** — L'hygiène a des avis pour tous les hommes, des règles qui s'appliquent à tous les âges, à toutes les condi-

(1) *Sixième rapport*, publié en 1842, au nom du *Bureau d'éducation* de Boston, dont Horace Mann était le secrétaire.

tions ; elle est alors ce qu'on appelle l'*hygiène générale*. Mais elle a aussi des préceptes particuliers pour les diverses conditions de la vie; elle adapte ses prescriptions aux différents milieux dans lesquels nous sommes appelés à vivre : de là l'hygiène militaire, industrielle, rurale, etc., et notamment l'*hygiène scolaire*.

L'hygiène scolaire traite d'abord des conditions matérielles de l'école : emplacement, construction, éclairage, chauffage, etc. ; mais elle s'adresse ensuite directement à l'écolier, et lui trace un plan de conduite, en ce qui concerne les soins de propreté, les repas, les vêtements, le sommeil.

Nous n'avons pas à entrer ici dans le détail de ces règles. Quelques observations générales suffiront à en préparer l'étude (1). Ce qui importe par-dessus tout, ne l'oublions pas, ce n'est pas seulement de prendre, dans l'intérêt de nos enfants et de nos élèves, toutes les mesures que commande l'hygiène; c'est de les habituer eux-mêmes à en comprendre l'importance et à la respecter dans toutes leurs actions.

**L'éducation physique, d'après M. Herbert Spencer.** — De tous les écrits modernes sur ce sujet, celui qui peut le mieux servir d'introduction à nos études, c'est assurément l'*Essai sur l'éducation physique* de M. Herbert Spencer. Comme tous ses compatriotes, M. Herbert Spencer attache une extrême importance à la culture du corps. C'est, depuis Locke *, une des traditions de la pédagogie anglaise de prendre grand soin de notre « maison d'argile » (2). L'Angleterre seule pouvait donner le jour à une secte telle que le *christianisme musculaire*, qui a réussi, il y a quelques années, à réunir un grand nombre d'adeptes, cherchant à fortifier leur corps, par piété, comme par piété aussi les ascètes chrétiens d'autrefois faisaient tout le contraire.

(1) Voyez le *programme d'hygiène* pour les écoles normales, 20 leçons, deux heures en troisième année.

(2) C'est ainsi que Locke appelle le corps (*Quelques pensées sur l'éducation*, p. 3).

M. H. Spencer, en opposition avec la négligence qui est trop naturelle aux parents, quand il s'agit de l'éducation physique de leurs enfants, signale l'ardeur qui anime les mêmes hommes quand il est question de l'élevage des animaux.

C'est ce qu'un auteur français, M. Eugène Paz *, avait déjà fait observer, lui aussi (1) :

« Proposez à un père de famille, électeur, éligible, voire même élu, de restreindre le régime hygiénique de son cheval ou de son âne à la somme d'exercices physiques et de soins matériels qu'il trouve suffisante pour la santé et le développement de son fils, pensionnaire dans une institution quelconque, il se révoltera, déclarant qu'il faut, aussi bien que l'avoine et le foin, mesurer à l'animal domestique le grand air et le mouvement. »

L'alimentation, les vêtements, les exercices corporels, enfin les effets de l'abus de l'étude et des excès de la tension cérébrale : tels sont les divers points sur lesquels portent les réflexions, souvent justes, toujours piquantes, de M. Herbert Spencer.

En ce qui concerne la nourriture, sa conclusion est que l'alimentation des enfants doit être hautement nutritive, abondante, variée. Il pose en principe que « le degré d'énergie dépend essentiellement de la nature de l'alimentation ». A l'inverse de Locke, qui tend à proscrire la viande du régime alimentaire de l'enfant, il affirme, d'après sa propre expérience, que six mois d'alimentation purement végétale lui ont permis de constater une diminution correspondante de sa force physique et de sa vigueur intellectuelle. M. Spencer a raison de répéter que « trop manger et manger trop peu sont mauvais l'un et l'autre », et d'insister sur le danger d'une nourriture insuffisante. Mais nous ne saurions admettre avec lui qu'il existe une proportion exacte et absolue entre le développement des forces mentales et la quantité ou la variété de la nourriture. Et quand on songe à toutes les fa-

(1) E. Paz, *La gymnastique raisonnée*. 1876, p. 2.

milles où la pauvreté ne permet pas de prétendre au luxe d'une nourriture plantureuse et variée, on a quelque plaisir à penser que M. Spencer exagère, et qu'une nourriture substantielle, quelle qu'elle soit, suffit aux besoins du corps. M. Spencer se trompe encore quand, proclamant l'infaillibilité de l'instinct, il engage les parents à satisfaire sans restriction les appétits de l'enfant. En matière d'appétits, comme en toute autre chose, les goûts naturels ne sont nullement des guides sûrs; ils s'égarent souvent, ils se dépravent, ils tendent aisément à l'exagération, et la gourmandise, par exemple, n'est pas un vain mot.

Les observations de M. Spencer sur les vêtements, et ici nous lui donnerons volontiers raison, procèdent du même principe, à savoir : qu'il faut tenir compte des sensations, obéir à la nature qui réclame des vêtements chauds, et non à la mode qui se complaît parfois dans des costumes insuffisants et légers.

« Notre conclusion est que, s'il faut que les vêtements des enfants ne soient jamais assez lourds pour produire une chaleur accablante, ils doivent toujours être assez chauds pour prévenir toute sensation générale de froid ; qu'au lieu d'être en coton, en toile ou en quelque tissu de fantaisie, ils doivent être faits d'une étoffe qui soit un mauvais conducteur du calorique, comme une grossière étoffe de laine ; qu'ils doivent être assez solides pour n'être pas endommagés facilement par les jeux violents des enfants, et que leur couleur doit pouvoir supporter l'usage et les intempéries (1). »

**La propreté.** — La propreté et le soin de la peau ne sont pas moins nécessaires à la santé que des vêtements suffisamment chauds et qu'une nourriture saine et substantielle. L'eau est à la peau, disent les hygiénistes, ce que l'air est aux poumons. De là, dans certaines religions, le caractère obligatoire et sacré des ablutions.

Les soins de propreté tous les jours, et fréquem-

(1) Nous retrouverons plus loin (voyez leçon II) la suite des réflexions de M. Herbert Spencer sur les exercices physiques et le surmenage.

ment des bains, chauds ou froids, selon les saisons, voilà ce que le souci de notre tenue et de notre dignité nous commande, non moins que l'intérêt de notre santé. Et impérieuses pour tous les hommes, ces obligations le sont encore bien plus pour les enfants, réunis et pressés dans une même salle d'école, et plus exposés par suite aux maladies contagieuses.

Sans doute c'est à la famille qu'il appartient surtout de veiller à la propreté des enfants ; mais l'instituteur peut exercer un contrôle utile, par la visite de propreté que le règlement lui ordonne de faire chaque jour, et aussi par les recommandations qu'il est de son devoir d'adresser aux familles :

« Aux objections que pourraient lui faire les parents pauvres, le maître répondra qu'il n'est pas besoin d'être riche pour être propre, qu'au surplus la propreté étant le seul luxe qui soit permis aux pauvres, c'est bien le moins que les parents donnent ce luxe à leurs enfants, et que s'il n'est pas besoin de beaucoup d'argent pour vêtir proprement un enfant, il n'est pas besoin non plus de beaucoup de temps pour veiller à ce qu'il prenne soin de ses vêtements et de sa personne.

« Je dirai encore que l'homme est le plus souvent, au physique aussi bien qu'au moral, ce que la première éducation l'a fait, et que, si les enfants prennent de bonne heure des habitudes de propreté, c'est une provision de santé, c'est-à-dire de forces pour le travail, qu'ils font durant leur jeunesse (1). »

**La sobriété.** — L'hygiène ne se contente pas de recommander un certain nombre de pratiques matérielles; elle fait appel aussi aux forces morales de l'homme, pour le déterminer à vivre avec sobriété, à user de modération en toutes choses.

Le principe général de toutes les prescriptions hygiéniques, c'est qu'il faut appliquer sans cesse le vieil adage : « Rien de trop ». User sans abuser, éviter les excès, rechercher le juste milieu, adapter ses actions à ses forces et aussi aux circonstances : c'est le commencement de la sagesse dans l'éducation physique,

(1) Voyez l'*Hygiène des écoles primaires*, ouvrage déjà cité. p. 206; *Projet d'instruction*, par M. Jacoulet, etc.

comme dans l'éducation morale. Ce qui est mauvais, ce n'est pas de boire quand on a soif, de manger quand on a faim : c'est de boire et de manger au delà de son besoin. Ce qui est mauvais, ce n'est pas de faire du tabac un usage modéré, c'est de fumer avec excès... Sous toutes ses formes, l'intempérance est funeste à la santé, aussi bien lorsqu'elle dépasse la mesure dans le travail intellectuel, que lorsqu'elle satisfait sans modération les appétits du corps. Et il suffit que nous ayons lâché la bride à une seule de nos passions, pour que par cette unique fissure les infirmités, les maladies pénètrent dans l'organisme, rendant ainsi inutiles les efforts que nous avons faits sur tous les autres points pour nous conformer aux règles de l'hygiène.

**Les privations.** — Être sobre, ce n'est pas seulement user des choses avec discrétion, avec modération : c'est savoir s'en passer au besoin. Notre éducation physique est incomplète, si elle ne nous a pas habitués dès l'enfance à accepter, quand les circonstances l'exigent, un renoncement passager à nos aises, aux commodités ordinaires de la vie. Un soldat fait piètre figure en campagne, qui n'a pas rompu son estomac à supporter quelques heures d'abstinence. D'autre part, sans songer à renouveler dans nos mœurs l'ascétisme des temps anciens, prenons garde de tomber dans l'excès contraire et de trop sacrifier à nos besoins physiques. Dans un corps trop bien nourri, l'immoralité a des exigences excessives et comme des révoltes soudaines. Les passions mauvaises et brutales s'y logent comme chez elles. Et si nous ne voulons plus des corps affaiblis par les macérations, par les jeûnes prolongés, nous nous défions aussi des tempéraments échauffés, surexcités par une nourriture surabondante, par des repas succulents, par une complaisance de tous les jours pour les appétits corporels. Ce n'est pas seulement la mollesse, le défaut de virilité qui est à craindre en pareil cas : c'est pis que cela, c'est la réapparition violente des instincts de la bête.

Il y a un chapitre qui manque dans les écrits des hygiénistes modernes : c'est celui des privations. Jadis on en abusait : il serait sage de ne pas y renoncer tout à fait. Auguste Comte * (1) reconnaissait lui-même qu'il y avait du bon dans les prescriptions des religions qui recommandent aux hommes de se soumettre volontairement à des privations systématiques.

« Les pratiques hygiéniques, disait-il, imposées par le catholicisme, outre leur utilité indirecte pour entretenir de salutaires habitudes de soumission morale et de contrainte volontaire, étaient d'heureux auxiliaires de l'éducation en général. »

**Les lois de la santé et de la vie.** — Il s'en faut que nous ayons passé en revue toutes les parties de l'hygiène. C'est elle qui nous enseignera encore à régler notre sommeil, à distribuer notre temps entre le travail et le repos. C'est d'elle que nous apprendrons aussi quelles conditions d'air et de lumière sont les plus favorables à la santé.

En un mot, il n'y a pas une seule fonction de la vie organique pour laquelle les leçons des hygiénistes ne tiennent en réserve quelque précepte utile et précieux.

Mais ce qui importe plus encore que d'avoir étudié ces règles, c'est d'acquérir la conviction que dans le monde de la vie, comme dans la nature extérieure, il y a des lois fixes, des lois invariables, qui *peuvent* être connues, et qu'il *faut* observer, des lois qui se vengent par la maladie ou par la mort, si nous avons le malheur de les enfreindre. Luttons contre le préjugé qui fait qu'on se représente encore la vie comme le théâtre du hasard, et qui admet que l'on peut impunément livrer son corps à tous les caprices, à toutes les fantaisies. Une fois pénétrés de ce principe que la vie a ses lois, au même titre que la pesanteur ou l'électricité, il nous sera aisé de déterminer en détail, à l'aide des livres spéciaux, et aussi par notre propre

(1) Auguste Comte, *Cours de philosophie positive*. t. V. p. 307.

expérience, les règles particulières dont l'ensemble constitue une bonne conduite hygiénique.

RÉSUMÉ.

1. La science et l'art de l'éducation supposent la **connaissance de la nature humaine.** La pédagogie n'est que la **psychologie appliquée.**

2. Il y a trois parties dans l'éducation : l'**éducation physique**, l'**éducation intellectuelle**, l'**éducation morale**, parce qu'il y a trois divisions essentielles dans l'être humain : les organes et les fonctions du corps, les facultés intellectuelles, les sentiments et la volonté.

3. L'importance de l'**éducation physique** résulte des rapports étroits qui unissent l'esprit et le corps. Cette importance s'est accrue de notre temps, pour diverses raisons : 1° l'**effort intellectuel plus intense** qu'exigent des études toujours plus étendues ; 2° les causes multiples qui tendent à **affaiblir la vigueur** native du tempérament : 3° la nécessité de se préparer dès l'école à acquérir l'**habileté professionnelle.**

4. L'éducation physique a un triple but : la **santé**, la **force**, l'**habileté.**

5. Les moyens dont dispose l'éducation physique se résument dans ces deux mots : **hygiène** et **gymnastique.**

6. L'**hygiène** est l'art de conserver et aussi d'accroître la santé. Les prescriptions de l'hygiène constituent une sorte de **médecine préventive**, qui nous préserve d'un grand nombre de maladies et nous donne les moyens de vivre longtemps.

7. Sans la santé, ni l'individu ne peut aspirer au bonheur pour lui-même, ni le citoyen ne peut remplir complètement ses devoirs sociaux.

8. L'**hygiène générale** établit des règles qui s'appliquent à toutes les conditions de la vie ; l'**hygiène scolaire** traite des conditions matérielles de l'école et de la conduite de l'écolier.

9. Comme le demande M. Herbert Spencer, la **nourriture** doit être, autant que possible, abondante et variée ; les **vêtements** doivent être chauds.

10. La **propreté** du corps, la propreté des vêtements, est un élément de la santé, aussi bien qu'un devoir de dignité personnelle.

11. Le principe fondamental de l'hygiène est qu'il faut en toutes choses **éviter les excès** et **pratiquer la sobriété**.

12. La **sobriété** ne consiste pas seulement à user des choses avec modération : elle nous apprend à nous en passer au besoin.

13. Ce qui doit dominer notre étude de l'hygiène, c'est la conviction qu'elle est vraiment **une science**, établissant les lois de la santé et de la vie, lois qui ne peuvent être impunément enfreintes.

## AUTEURS A CONSULTER.

LOCKE, *Quelques pensées sur l'éducation*, section I, 3-30. — HERBERT SPENCER, *De l'éducation*, ch. IV. — P. DARYL, *La renaissance physique*. Paris, Hetzel, 1888. — DE COUBERTIN, *L'éducation en Angleterre*, Paris, Hachette, 1888. — Dr Élie PÉCAUT, *Cours d'hygiène*, Paris, Hachette, 1882.

# LEÇON II

## JEUX ET EXERCICES DE L'ENFANT. — GYMNASTIQUE.

L'hygiène et les exercices physiques. — Nécessité des exercices corporels. — Le courage physique. — Choix des exercices. — La gymnastique. — Histoire de la gymnastique. — La gymnastique pour les filles. — Les pédants de la gymnastique. — Les jeux scolaires. — Promenades scolaires. — Colonies de vacances. — L'excès du travail cérébral.

**L'hygiène et les exercices physiques.** — Il y a une hygiène de préservation qui recherche les moyens de protéger les organes de la vie, d'assurer la marche régulière des fonctions de nutrition, de respiration, etc. Mais il y a aussi une hygiène d'action, pour ainsi dire, qui tend plus particulièrement à fortifier le corps, à développer, à assouplir les membres en les exerçant. L'exercice, ou plutôt les exercices physiques sous toutes leurs formes, telle est la condition essentielle de cette hygiène active, qui est la véritable organisatrice du corps ou tout au moins la collaboratrice nécessaire de la nature dans le travail d'organisation de nos forces corporelles.

**Nécessité des exercices corporels.** — De même qu'en s'exerçant dans la lecture, dans la méditation, dans la composition, on développe les facultés morales, de même, soit par les exercices méthodiques de la gymnastique, soit par les exercices plus libres du jeu, de la marche, on développe les facultés physiques.

Les physiologistes constatent que le besoin d'exercice n'est pas moins impérieux que le besoin de nourriture; et ils s'étonnent à bon droit que ce besoin particulier de l'organisme n'ait pas reçu une désignation spéciale, qu'il mériterait au même titre que la *faim* ou la *soif* (1).

Analysons en effet les résultats de l'exercice physique, et nous resterons convaincus que de plus d'une manière l'action corporelle contribue à la santé du corps et de l'esprit.

Un premier avantage des exercices physiques, c'est qu'en faisant travailler les muscles on laisse reposer le cerveau et les nerfs; on permet à l'esprit de reprendre des forces; on rétablit l'équilibre entre la culture physique et la culture intellectuelle. Le meilleur remède à ce qu'on a appelé le surmenage, c'est encore de multiplier les récréations, les jeux scolaires.

Mais, de plus, les exercices physiques ont une action directe et immédiate, soit sur le corps, soit sur l'esprit lui-même.

Pour le corps, il est évident d'abord que l'exercice fortifie les muscles. Sous l'influence d'un exercice journalier bien dirigé, les muscles ne deviennent pas seulement plus volumineux et plus fermes : ils deviennent aussi plus contractiles et, par conséquent, plus capables de répondre vigoureusement aux excitations de la volonté (2). Par là le jeune homme acquiert déjà plus de vigueur, plus d'agilité, les muscles étant les agents immédiats du mouvement et jouant un rôle dans toute espèce de travail physique. Mais, d'autre part, l'exercice agit sur l'organisme tout entier. Il stimule les fonctions de circulation; il aiguise l'appétit et accélère le mouvement de la nutrition; il élimine les matières, qui, comme la graisse, embarrassent et encombrent les rouages de la machine humaine. En un mot, il active la vie organique dans toutes ses fonctions, et par suite il développe les organes eux-mêmes, d'après la loi bien connue qui

(1) Dr F. Lagrange, *Physiologie des exercices du corps*, Paris. Alcan. 1888. p. 264.

(2) *Ibid.*, p. 181.

dit que « la fonction fait l'organe ». De cette manière encore l'exercice est une source de force et de santé.

Pour l'esprit, les exercices physiques ont aussi leur utilité, non seulement parce qu'ils laissent aux facultés mentales le temps de se rafraichir dans le repos, comme nous l'avons fait observer tout à l'heure; mais encore — à raison des rapports, non moins certains que mystérieux, qui relient la pensée au cerveau, et le cerveau à l'organisme tout entier — parce qu'ils renouvellent et alimentent les sources profondes et obscures de la vie intellectuelle. Il suffit de s'observer soi-même, après une promenade, après une partie de jeu, pour constater que le corps n'a pas été seul à profiter de l'exercice physique : la pensée est devenue plus claire, l'imagination plus vive, le sentiment plus ardent. Voyez les enfants qui ont joué : à l'ardeur du jeu succède l'ardeur de la lecture. A une condition pourtant, c'est que l'exercice n'ait pas dépassé la mesure. Des jeux trop violents ou trop prolongés dissiperaient l'esprit, l'empêcheraient de se ressaisir : mais des exercices modérés l'animent et le vivifient.

**Le courage physique.** — Ce n'est pas seulement la santé de l'intelligence, c'est plus encore l'énergie de la volonté que la pratique habituelle des exercices physiques entretient et accroit. On sait de reste que le courage se ressent de la vigueur corporelle. Avec un corps débile, comment aspirer à être un héros, ou plus simplement à faire bonne contenance dans l'action, devant le danger? Au contraire l'intrépidité, l'allure courageuse dans le péril, sont choses autrement faciles, lorsque la volonté dispose d'un corps de fer et de muscles d'acier. Mais ce n'est pas tout. L'exercice physique et le travail musculaire font plus qu'assurer à la volonté des instruments et des outils : ils développent et perfectionnent la volonté elle-même. L'enfant, l'homme qui chaque jour s'aguerrit aux épreuves de la fatigue corporelle, et qui supporte avec entrain un effort musculaire énergique, devient plus capable de vouloir; il acquiert non seulement plus de muscles, mais aussi plus d'énergie mentale. Et voilà pourquoi le général Thomassin pouvait dire à M. Jules Simon, au sortir d'une séance de gymnastique ou de jeux scolaires : « C'est de la force morale que nous allons faire (1)! »

**Choix des exercices.** — Il y a mille manières de s'exercer. Le travail musculaire est le même pour le cultivateur qui bêche son champ et pour le gentleman qui fait des armes. Si le premier s'y épuise, tandis que le second s'y fortifie, cela tient à ce que l'homme du monde dort bien, et se nourrit copieusement, tandis que le paysan mange mal et se repose peu; cela tient surtout à ce que pour le premier l'escrime est un divertissement d'une heure, tandis que pour le second le travail se prolonge toute la journée.

La première règle à suivre, dans le choix des exercices, ce sera donc de rechercher de préférence les exercices modérés, qui n'exigent pas une dépense excessive de force musculaire; ce sera aussi, dans les cas où l'on se livrerait à des exercices violents, très fatigants par eux-mêmes, de savoir s'arrêter à temps, de ne pas les prolonger ni les répéter outre mesure.

Une autre règle importante, c'est de choisir des exercices qui profitent à la fois à toutes les parties du corps. De même que les meilleurs aliments sont ceux que les physiologistes appellent des *aliments complets*, c'est-à-dire ceux qui contiennent toutes les substances nécessaires à la nutrition, de même les meilleurs exercices sont ceux qui mettent en mouvement et font travailler à la fois le plus grand nombre de muscles. La spécialisation est mauvaise dans l'éducation du corps, comme dans l'éducation de l'esprit. Qui s'exerce plus que les danseuses? Mais comme elles ne remuent guère que leurs jambes, il s'en faut qu'elles retirent de ce travail musculaire, dans l'ensemble de leur

(1) Voyez la *Revue pédagogique* du 15 février 1889, p. 137.

constitution physique, un profit proportionné à leur peine.

Les physiologistes nous avertissent encore que les exercices physiques les plus salutaires sont ceux qui demandent le moins d'efforts intellectuels. A travail musculaire égal, disent-ils, la sensation de fatigue est d'autant plus intense que l'exercice exige l'intervention plus active des facultés cérébrales. Par suite, il faudrait accorder la préférence aux exercices qui ne réclament pas une attention soutenue, qui s'accomplissent mécaniquement, automatiquement, la marche, par exemple.

Remarquons pourtant qu'il peut y avoir quelque intérêt parfois à mêler l'action de l'intelligence au travail musculaire, comme il arrive dans les récréations, dans les jeux, où l'imagination de l'enfant et son esprit inventif se donnent librement carrière. Mais ces exercices, mixtes pour ainsi dire, ne sauraient prétendre, quand il s'agit de fortifier les organes, à la même efficacité que les exercices purement physiques, dégagés de toute tension intellectuelle.

**La gymnastique**. — La gymnastique est précisément un choix rationnel d'exercices, une culture régulière et méthodique du corps. Elle est à l'activité physique ce qu'un bon programme d'études est à l'activité intellectuelle. Elle peut être définie : l'*art d'exercer les facultés physiques*.

Comme on l'a dit très justement : « Les jeux ordinaires, avec leurs inconvénients, désordonnés et sans suite, ne sauraient remplacer la gymnastique; et réciproquement la gymnastique, régulière et disciplinée comme elle est, ne doit point exclure les jeux où les enfants se livrent à tous les ébats de leur âge (1). »

Dans l'organisation successive et dans le choix de ses exercices, la gymnastique s'inspire des règles que nous avons tracées et de quelques autres encore.

(1) M. Barthélemy Saint-Hilaire, préface de la *Gymnastique pratique* de Laisné, p. IX.

Elle varie les mouvements qu'elle impose, afin que tous les membres soient mis en action. Elle fait succéder les mouvements des bras aux mouvements des jambes; elle recommande tour à tour les exercices de pied ferme, les exercices de suspension, d'appui. Elle a recours à des agrès, à des engins, à toute une complication savante d'appareils, afin de donner à tous les muscles l'occasion de s'exercer.

D'autre part, quand elle est sage, elle n'abuse pas de ces appareils, ni des exercices trop savants, des difficultés de l'art; elle accorde une prépondérance marquée aux mouvements de pied ferme, à la marche, à la course, aux exercices les plus simples, les plus conformes à la nature et qui ne sont pas les moins profitables (1).

Enfin, elle n'oublie pas qu'elle est un moyen, non un but. Il ne s'agit pas de former des athlètes de profession, des gymnastes experts aux tours de force : il s'agit simplement de faire servir la gymnastique à l'éducation générale du corps; de même qu'on adapte l'étude des sciences à l'éducation générale de l'esprit (2). La gymnastique tend au même but que l'hygiène : elle aspire à perfectionner l'organisme, au triple point de vue de la santé, de la force et de l'adresse.

**Histoire de la gymnastique.** — On n'a assurément pas attendu notre siècle pour découvrir que les enfants avaient besoin de mouvement et d'exercice. Nulle part la gymnastique n'a été plus honorée que chez les Grecs. A Athènes, le gymnase* n'était pas moins fréquenté que l'école. On ne couronnait pas

(1) « Que les jeunes gens sachent marcher quand ils arrivent au corps, ont dit des officiers éminents, et nous nous chargeons d'en faire rapidement des soldats. »

(2) La circulaire du 9 mars 1869, relative à l'organisation de l'enseignement de la gymnastique dans les établissements d'instruction publique, s'exprimait ainsi : « La gymnastique des lycées et des écoles ne doit chercher qu'à développer d'une manière normale et progressive les forces du corps, à en rétablir au besoin l'équilibre et l'harmonie. C'est un exercice hygiénique que le médecin surveille et contrôle, et non pas un moyen de produire des prodiges d'agilité et de hardiesse. »

seulement sur l'Agora* les vainqueurs des concours de poésie et d'éloquence : on y rendait des honneurs presque divins à ceux qui avaient triomphé à la course, au pugilat*, au ceste*, à la palestre*. A Rome, dans les premiers siècles, les jeunes gens, les hommes mûrs venaient chaque jour s'exercer au champ de Mars*, et, jusque dans les derniers temps, la mode des gladiateurs* prouve que les Romains ne renoncèrent jamais au goût des exercices physiques.

Au moyen âge, malgré les tendances mystiques d'une piété mal comprise, la chevalerie, avec ses tournois*, avec ses carrousels*, est la preuve que la gymnastique n'avait pas perdu tous ses droits, au moins chez les privilégiés de la race noble.

Au XVII^e siècle, Fénelon déclare que ce qui est le plus utile dans les premières années de la vie, c'est de ménager la santé de l'enfant ; et un ami de Fénelon, l'abbé Cl. Fleury*, écrit la page qu'on va lire :

« Pour se bien porter, il sert d'être propre et net, de respirer un air pur, boire de bonnes eaux, se nourrir de viandes simples ; et quoique la nature nous enseigne assez tout cela, il est bon d'en avertir les enfants et leur y faire souvent faire réflexion : car la coutume prend aisément le dessus. Tout ce qui donne de la force sert aussi beaucoup à la santé, que la force suppose nécessairement. Or, ce qui fortifie n'est pas, comme le croit le vulgaire, manger beaucoup et boire beaucoup de vin, mais travailler et s'exercer, en se nourrissant et se reposant à proportion. Les exercices le plus à l'usage de tout le monde sont : marcher longtemps, se tenir longtemps debout, porter des fardeaux, tirer à des poulies, courir, sauter, nager, monter à cheval, faire des armes, jouer à la paume, et ainsi du reste, selon les âges, les conditions et les professions auxquelles chacun se destine. J'en laisse le détail à ceux qui voudront bien peut-être un jour nous donner quelque traité des exercices : je me contente d'observer qu'il est très important d'en donner aux enfants de bonne heure une très grande estime (1). »

Ce *traité des exercices*, que réclamait déjà la pédagogie du XVII^e siècle, nos contemporains l'ont écrit ;

(1) Claude Fleury, *Traité du choix et de la méthode des études*, chap. XX.

et la gymnastique est désormais un art constitué, avec ses principes rationnels, ses règles précises et bien définies, un art qui peut être enseigné et qui, depuis 1880, doit l'être obligatoirement dans nos écoles (1).

**La gymnastique pour les filles.** — Comme l'a fait observer un auteur déjà cité (2), « les femmes ont besoin de la gymnastique, plus même que les hommes : pour elles, les obstacles que la vie civilisée oppose au développement corporel sont bien plus multipliés et bien plus funestes encore ». Sans doute les hommes ont des devoirs particuliers qui, au premier abord, semblent rendre plus nécessaires pour eux les exercices de gymnastique, puisque ces exercices les préparent aux fatigues de la vie militaire. Tous les hommes seront soldats : oui, mais les filles, elles, seront mères !... Aussi M. Herbert Spencer, dans l'*Essai* que nous avons déjà analysé, insiste-t-il avec éloquence sur l'égalité des deux sexes devant les devoirs de la gymnastique. L'idéal de la femme n'est pas de rester une créature délicate, frêle, avec un petit appétit, incapable de tout effort physique. M. Spencer lui souhaite au contraire un robuste développement et une santé florissante, « quelque plébéiennes que puissent paraître ces qualités ».

**Les pédants de la gymnastique.** — Pour pénétré que nous soyons des mérites de la gymnastique, dans l'éducation des filles comme dans celle des garçons, nous nous garderons de tomber dans les exagérations, dans les travers de ceux qu'un auteur contem-

(1) Il est évident d'ailleurs, et nous n'y insisterons pas, que la gymnastique doit varier ses exercices, suivant qu'il s'agit de garçons ou de filles, suivant qu'on l'enseigne dans les écoles de ville, ou dans les écoles de campagne. Mais elle est utile partout, et la circulaire, déjà citée, du 9 mars 1869 fait remarquer avec raison que l'attitude embarrassée et lourde d'un grand nombre de conscrits des communes rurales suffit à montrer combien ils ont encore besoin qu'on assouplisse leurs membres, qu'on rende leur démarche plus dégagée, qu'on leur apprenne enfin à tirer meilleur parti de toutes les forces que la nature a mises en eux.

(2) M. Barthélemy Saint-Hilaire, préface, déjà citée, du livre de Laisné, p. XIII.

porain appelle finement les « pédants de la gymnastique », et qui ne voient de salut pour le corps que dans la pratique continuelle d'exercices savants et compliqués.

« De nos jours on n'est pas éloigné de considérer le trapèze (1) comme le régénérateur de l'espèce humaine. Il semble que l'art de mouvoir ses membres ne puisse s'acquérir qu'à la suite de longues recherches et de profondes méditations. Nous tombons sous la férule des pédants de la gymnastique ; et il arrivera sans doute un moment où nous serons aussi étonnés de prendre de l'exercice en marchant que l'était M. Jourdain de faire de la prose en parlant. Dans les établissements universitaires et même dans les pensionnats de jeunes filles, on peut voir se dresser les engins les plus compliqués et s'enseigner les mouvements les plus difficiles — on pourrait dire les plus grotesques. — On ne comprend pas, faute d'une analyse attentive, que beaucoup d'amusements auxquels s'adonnent de tout jeunes enfants sont en réalité des exercices violents, tandis que beaucoup d'exercices de la gymnastique officielle ne sont que des tours difficiles (2). »

**Les jeux scolaires.** — C'est tout à fait l'avis de M. Herbert Spencer, qui met bien au-dessus des mouvements factices et un peu monotones de la gymnastique l'effort libre et joyeux de l'activité dans le jeu : pour cette raison surtout que l'exercice régulier, méthodique, de la salle de gymnase, n'étant pas accompagné de plaisir, est par suite moins salutaire. Il n'est pas tout à fait exact de dire que la gymnastique n'est pas « accompagnée de plaisir » ; mais elle l'est certainement

(1) Ce n'est pourtant pas l'avis de M. E. Paz, qui déclare que le trapèze est « un engin dangereux ».

(2) Dr F. Lagrange, *Physiologie des exercices du corps*, Paris, Alcan, 1888, p. 209.

La commission organisée par l'arrêté du 18 octobre 1887 pour reviser les programmes relatifs à l'enseignement de la gymnastique vient de publier son travail. Dans le rapport de M. Marey, président, nous lisons ce qui suit : « Les défauts du programme actuel sont frappants, si l'on considère qu'il s'adresse ordinairement aux enfants des deux sexes : qu'il ne tient suffisamment compte ni de l'âge des élèves ni des conditions si différentes dans lesquelles se trouvent ceux des campagnes et ceux des villes ; qu'il soumet trop souvent à une réglementation aride un enseignement qui pourrait prendre une forme attrayante ; enfin, qu'il est basé sur une tradition empirique plutôt que sur les lois de la physiologie et de l'hygiène. »

moins que le jeu, et trop souvent, mal pratiquée, elle n'est, comme on l'a dit, qu'une leçon de plus.

Souhaitons donc surtout aux jeunes générations, si nous voulons qu'elles se virilisent au physique et au moral, des récréations actives, en plein air, des récréations libres, mais en même temps surveillées et réglées.

L'art, en effet, doit intervenir pour apprendre à l'enfant à jouer, pour lui fournir des instruments (1), pour lui préparer, soit à l'intérieur de l'école des cours spacieuses, soit au dehors des champs d'exercices, ou, comme on dit encore, « des prairies de jeux ».

Voici le tableau exact de ce qui se fait en Suisse, d'après un témoin oculaire, M. Steeg* :

« Les jeux sont tout à la fois très gais et très réglés. Filles et garçons se partagent les pelouses; un professeur du collège organise les jeux et en a la direction générale. Ici c'est une partie de ballon, là une partie de « grâces », où vingt fillettes lancent en même temps les anneaux; là une partie de *lawn-tennis** : ailleurs un tir à l'arbalète, très populaire dans la patrie de Guillaume Tell : ce sont des courses, des sauts, des rires : tout cela est fait très sérieusement et très joyeusement. Tous les jours, à tour de rôle, les diverses écoles viennent s'exercer ainsi en plein air, sous les yeux du public (2). »

Mais qu'on ne s'imagine pas qu'une organisation de ce genre soit nécessaire pour donner satisfaction au besoin de mouvement de l'enfant. En pareille matière, ce qui est le plus simple est le meilleur. Si nous ne disposons pas d'engins artificiels, de jouets fabriqués, inventons-en. On peut s'en remettre sur ce point, soit

(1) Dans une circulaire adressée aux inspecteurs primaires de son ressort par M. le recteur de l'Académie de Toulouse (1889), nous lisons ce qui suit : « Les *jeux organisés* doivent compter comme leçons de gymnastique... ; il faut habituer les élèves à employer leurs récréations ordinaires d'une façon plus active et partant plus hygiénique ; on ne doit pas les laisser libres de ne pas s'amuser pendant les récréations. En conséquence, il faut leur enseigner certains jeux : barres, balles, ballon, paume, croquet, palettes, boules, échasses, sauts, corde, etc. »

(2) *Revue pédagogique*, 1888, p. 217. — De même, certaines municipalités de Belgique et d'Allemagne, à raison de l'insuffisance des locaux scolaires, ont affecté aux jeux des places publiques ou des terrains vagues.

à l'imagination des enfants, soit au dévouement ingénieux des maîtres. Quand on n'a pas, comme en Suisse, un champ d'exercices, on trouve toujours à la portée de l'école une grande route, où il sera facile d'exercer de mille manières l'activité physique des enfants.

**Promenades scolaires.** — C'est dans les internats surtout qu'il est besoin de trouver dans les promenades scolaires un correctif aux longues heures de réclusion qu'on impose aux élèves. Mais, pour les externes eux-mêmes des écoles primaires, la promenade, organisée de temps en temps sous la conduite du maître, peut avoir aussi son utilité.

La chose a été tentée, non sans succès. Voici ce que nous lisons dans la circulaire que M. l'inspecteur d'Académie de la Loire-Inférieure adressait aux instituteurs de son département, au début de l'année scolaire 1887-1888 :

« Je désire que toutes les écoles fassent une fois par mois, au moins, soit une promenade pédagogique avec un but déterminé (étude géographique, visite d'un monument historique, d'un musée, études d'histoire naturelle ou d'agriculture, visite d'une usine, etc.), soit une marche scolaire, servant à fortifier, à aguerrir les enfants (1). »

Et l'auteur de la circulaire, s'appuyant sur maint rapport d'instituteur, constate les résultats heureux de son initiative.

Bien entendu, il ne saurait être question d'imposer cet exercice, de le rendre obligatoire et réglementaire. A la campagne particulièrement, où les enfants, pour se rendre à l'école, ont parfois plusieurs kilomètres de chemin à parcourir, la promenade scolaire n'aurait pas toujours sa raison d'être. Mais dans les écoles urbaines, en laissant à l'instituteur le libre choix de la saison, du jour, de l'heure, elle ne saurait être trop recommandée.

(1) Voyez la *Revue pédagogique*.

**Colonies de vacances.** — L'éducation physique n'a pas seulement à prendre souci des santés naturellement bien constituées : elle doit ses soins aussi aux tempéraments faibles ; elle a le devoir de remédier autant qu'elle le peut à la débilité des enfants malingres et souffreteux.

Sous ce rapport, une des institutions les plus ingénieuses, les plus dignes d'éloges, que ces dernières années aient vues paraître, est celle des « colonies de vacances », dont l'inspiration est due à la Suisse, au pasteur Bion, de Zurich, et qui a commencé à s'étendre en France : à Paris surtout, grâce à l'initiative ardente de M. Edmond Cottinet et de quelques hommes de cœur; en province, grâce au docteur Delvaille (1).

Les colonies de vacances consistent à envoyer, pendant quelques semaines, loin de l'atmosphère viciée des villes, en pleine montagne ou en pleine forêt, parfois sur les bords de la mer, un certain nombre d'enfants pauvres des écoles, choisis parmi les plus débiles, parmi les plus anémiés *. On fait pour eux ce que les parents, dans les familles riches, font pour leurs enfants. Sous la surveillance et la direction d'un maître ou d'une maîtresse, ils vont respirer à pleins poumons l'air fortifiant de la campagne. Sans doute les colonies de vacances n'opèrent pas des miracles : elles ne se chargent pas de refaire en quelques jours des tempéraments appauvris. Mais elles contribuent pourtant à améliorer sensiblement la santé des petits colons, et « quand ils rentrent aux écoles, dit M. Cottinet, sagement entraînés, bien nourris, bien lavés, bien amusés, le teint vif, la poitrine sonore, le cerveau meublé d'images pures et de notions saines, ce sont ces déshérités qui font envie aux autres ».

**L'excès du travail cérébral.** — Mais tous les

(1) Voyez pour les détails deux fascicules publiés dans la collection des *Mémoires* du musée pédagogique : *les Colonies des vacances*, nos 72 et 79. En 1887, quinze arrondissements de Paris ont participé à l'œuvre nouvelle et 523 enfants ont été envoyés à la campagne.

exercices de la gymnastique seraient vains, toutes les inventions ingénieuses qu'inspire aux familles ou à la société leur sollicitude pour la santé des enfants resteraient infructueuses, si une éducation intellectuelle mal conduite, faite de surmenage et d'excès de travail cérébral, venait compromettre les effets heureux de la gymnastique et de l'activité corporelle. C'est moins par le défaut d'exercice que par l'abus de l'étude que, dans la plupart des cas, la santé des enfants et des jeunes gens est altérée et débilitée. Il ne suffit pas, en d'autres termes, que quelques heures par jour soient réservées au repos, aux récréations, aux mouvements et aux jeux; il faut, en outre, que les études soient bien réglées, proportionnées aux forces limitées de l'enfant, adaptées à son âge. Un développement hâtif de l'esprit, comme le fait remarquer M. Spencer dans la dernière partie de son *Essai sur l'éducation physique*, produit soit la faiblesse corporelle, soit l'hébétement, soit la mort prématurée. Et voilà comment l'éducation intellectuelle, dont nous avons maintenant à parler, peut et doit, si elle est habilement dirigée, collaborer avec l'éducation physique et contribuer pour sa part au développement régulier des forces vitales, au maintien de la santé.

## RÉSUMÉ.

14. L'hygiène ne comporte pas seulement des mesures de **précaution** et de **préservation** : il y a une hygiène d'action, qui fait de l'**exercice** une loi.

15. Les **exercices physiques** sont nécessaires, d'abord parce qu'ils permettent au cerveau et aux nerfs de se reposer : ensuite, parce qu'ils **fortifient** directement les muscles, agents immédiats du mouvement et instruments de tout travail

physique; parce qu'ils **activent la vie organique** tout entière; enfin, parce qu'ils **agissent sur l'esprit** lui-même, à raison des rapports qui relient la vie intellectuelle à la vie physique.

16. Les exercices physiques **développent la volonté**, parce que la volonté intervient dans l'effort de tout travail musculaire prolongé.

17. Parmi les exercices physiques, les meilleurs sont ceux qui n'exigent pas une **dépense excessive** des forces musculaires, ceux qui **profitent** à toutes les parties du corps, et qui peuvent être appelés, par suite, des **exercices complets**, enfin ceux qui exigent le moins l'intervention des **facultés cérébrales**.

18. La **gymnastique** peut être définie *l'art d'exercer le corps;* dans le choix des exercices méthodiques et réguliers qu'elle organise, elle s'inspire des règles précédentes; elle tend, non à faire des gymnastes, des athlètes de profession, mais à préparer l'**éducation générale du corps**.

19. La gymnastique a été en honneur chez les Grecs et chez les Romains; même au moyen âge, au temps de la chevalerie, elle ne perdit pas tous ses droits; au XVII^e^ siècle, des pédagogues demandent déjà que l'on rédige un « traité des exercices ». Ce traité a été écrit de notre temps, sous différentes formes; et la gymnastique est désormais un **art constitué**, qu'on peut et qu'on doit enseigner.

20. La gymnastique n'est pas moins nécessaire pour les **filles** que pour les **garçons**: les

garçons seront des **soldats**, mais les filles seront des **mères**.

21. Il ne faut pas d'ailleurs **abuser des exercices savants**, des difficultés compliquées, et s'en rapporter exclusivement à ceux qu'on a appelés les **pédants de la gymnastique**.

22. Aux exercices méthodiques de la gymnastique il faut joindre les **jeux scolaires**, les récréations actives, où, avec plus de liberté, l'enfant se livre à tous ses ébats.

23. On ne peut que recommander l'usage des **promenades scolaires**, organisées soit pour un but d'instruction, soit simplement pour habituer les enfants à la marche.

24. L'institution des **colonies de vacances**, déjà prospère à Paris, doit être généralisée, pour combattre l'anémie, la débilité des enfants pauvres, qui vivent toute l'année dans un air vicié.

25. L'éducation physique la plus soignée ne servirait de rien si, par une sage réglementation des études, on n'évitait tout **excès de travail cérébral**, tout abus d'application intellectuelle.

### AUTEURS A CONSULTER.

*L'enseignement de la gymnastique dans les établissements d'enseignement primaire*, publication du musée pédagogique, 1887, n° 49. — Eugène Paz, *La santé de l'esprit et du corps par la gymnastique*, Hachette, 1868; *La gymnastique raisonnée*, 1876. — Laisné, *Gymnastique pratique*, Hachette, 1879. — Dr Fernand Lagrange, *Physiologie des exercices du corps*, Paris, Alcan, 1888. — *Travaux de la Commission de gymnastique*, publication du musée pédagogique, 1889, n° 77.

# LEÇON III

## B. — ÉDUCATION INTELLECTUELLE.

### DÉVELOPPEMENT DES FACULTÉS AUX DIFFÉRENTS AGES. — LEUR APPLICATION AUX DIVERS ORDRES DE CONNAISSANCES.

Éducation intellectuelle. — Difficulté et nécessité de l'éducation intellectuelle. — L'éducation et l'enseignement. — La psychologie de l'enfant. — Innéité des facultés. — Différence des aptitudes. — Ordre de succession identique. — Progression des études. — La curiosité. — L'amour-propre. — L'attrait dans l'étude. — Nécessité de l'effort. — Application des facultés aux divers ordres de connaissances.

**Éducation intellectuelle.** — L'éducation intellectuelle a un double but : communiquer à l'esprit le plus possible de connaissances, de vérités; et en même temps former l'esprit lui-même, développer les facultés de l'intelligence.

Les connaissances à transmettre sont plus ou moins étendues, selon le degré de l'enseignement, primaire, secondaire ou supérieur. On enseigne au lycée autre chose qu'à l'école, dans les Facultés autre chose qu'au lycée. Mais partout, dans la plus humble école de village, comme dans les cours les plus élevés de la Sorbonne, le but supérieur est de former des esprits, de préparer des intelligences solides, saines et robustes, en possession de leurs organes essentiels, non seulement munies d'un certain savoir, mais capables de l'étendre et d'acquérir par elles-mêmes de nouvelles connaissances, capables surtout de se manifester par un jugement droit et par un raisonnement ferme.

Si tel est l'objet idéal de l'enseignement à tous les degrés, on peut dire que c'est dans l'enseignement primaire qu'il est à la fois le plus nécessaire de se proposer le même but, et le plus difficile de l'atteindre.

**Difficulté et nécessité de l'éducation intellectuelle.** — A l'école, en effet, nous disposons de moins de temps qu'au lycée. Nous n'avons le loisir de verser dans l'esprit de l'enfant qu'un tout petit nombre de connaissances élémentaires. Nous ne faisons qu'effleurer les sciences, qui, étudiées à fond, par cela seul qu'elles sont des suites d'idées et de raisonnements méthodiquement enchaînés, apportent avec elles, et insinuent doucement dans les esprits qui les étudient, l'ordre, la méthode, la rectitude et la raison. Nous ne pouvons songer, d'un autre côté, ni à approfondir l'histoire, cette école du jugement, ni à pousser bien loin l'étude des littératures, où s'acquiert la finesse, la délicatesse de la pensée. En un mot, pour organiser l'intelligence de l'enfant, nous ne trouvons pas, dans un enseignement nécessairement limité et de peu de durée, les ressources qui s'offrent d'elles-mêmes dans des études complètes et poursuivies pendant de longues années.

La difficulté est donc grande : si grande, que ce préjugé règne encore qu'il n'y a pas à proprement parler d'éducation intellectuelle à l'école primaire.

« Il y a nécessité absolue, dit l'auteur d'un livre récent, que l'instruction primaire soit très élémentaire, et, condamnée à être très élémentaire, il y a impossibilité absolue à ce qu'elle ait une vertu éducatrice quelconque (1). »

Autant vaudrait fermer les écoles, si ces affirmations étaient aussi vraies qu'elles sont tranchantes. Mais le jugement sommaire de M. Goumy * n'est pas

(1) M. Édouard Goumy, *La France du centenaire*, Hachette, 1889, p. 274.

définitif : on peut en appeler. Quelque élémentaire que soit l'instruction primaire, il est évident que par le choix des études, par la direction habile de l'enseignement, par l'emploi de méthodes actives et vivantes, qui, même à propos de connaissances très simples, s'adressent à l'esprit qu'elles mettent en train, il est évident que l'école, malgré ses détracteurs, peut avoir une action éducatrice. Avec moins de moyens d'action que le professeur d'enseignement secondaire, l'instituteur, nous persistons à le penser, a le devoir, aussi impérieux, de former des esprits clairs, droits et vigoureux. Précisément parce qu'il ne peut défendre qu'à demi ses élèves contre les ténèbres de l'ignorance, parce que l'ambition lui est interdite de les munir d'un gros bagage intellectuel avec lequel un esprit très cultivé se tire toujours plus aisément d'affaire, il faut que par un redoublement d'efforts, par un art plus consommé, il ait souci d'armer l'intelligence de l'enfant du peuple contre les préjugés, contre les défaillances d'un jugement mal assuré.

**L'éducation et l'enseignement.** — L'enseignement est le moyen principal dont dispose l'éducation intellectuelle. Il n'y a pas en effet d'autre manière de développer les facultés que de les exercer : or l'exercice intellectuel, c'est l'étude, et faire étudier, c'est enseigner.

Savoir bien ce qu'il enseigne, telle est assurément la première qualité de l'éducateur. Mais cela ne suffit pas : il faut encore qu'il sache se servir de ce qu'il sait, assez habilement pour en faire un instrument de culture intellectuelle. Et pour cela deux choses au moins lui sont nécessaires, en dehors des qualités naturelles : 1° qu'il ait suffisamment étudié la nature de l'enfant, qu'il se soit assez rendu compte du développement progressif des facultés aux différents âges, pour proportionner son enseignement à la portée d'esprit de ses élèves; 2° qu'il ait assez réfléchi à la nature des divers ordres de connaissances, aux méthodes qui conviennent à l'étude de chaque science, pour faire appel, selon les cas, à telle ou telle faculté.

En d'autres termes, l'éducateur doit à la fois, comme disent les philosophes, connaître le *sujet* et l'*objet* de l'enseignement : le sujet, c'est-à-dire l'enfant qui étudie, qui a besoin qu'on règle sur l'allure naturelle de son esprit l'ordre et la marche de l'enseignement; l'objet, c'est-à-dire les connaissances, les sciences qui composent le programme des études, et qui, pour être apprises, veulent qu'on leur applique tantôt les facultés de la mémoire ou de l'imagination, tantôt celles du jugement et du raisonnement.

C'est pour ne pas s'être conformés à l'une ou à l'autre de ces deux conditions, que des instituteurs inexpérimentés échouent parfois dans l'éducation intellectuelle de leurs élèves : soit qu'ils surmènent et qu'ils malmènent l'intelligence de l'enfant, en lui imposant des efforts disproportionnés à ses forces, en l'accablant trop tôt sous le poids des abstractions et des formules générales; soit qu'ils emploient hors de propos des facultés qui ne correspondent pas à la nature du travail auquel ils les appliquent, par exemple en mettant la seule mémoire au service des études d'arithmétique, ou inversement le raisonnement pur au service des notions de physique.

**La psychologie de l'enfant.** — L'important, en résumé, est moins ce qu'on enseigne que la façon dont on enseigne; de sorte que la faible quantité des connaissances transmises peut être compensée en partie par les méthodes employées pour les transmettre.

Ne nous imaginons pas que les sciences, que les connaissances, de quelque espèce qu'elles soient, puissent passer du livre qui les renferme dans l'esprit qui doit se les assimiler, sans préparation, sans précaution, sans que le maître s'inquiète de savoir sous quelle forme doit être donné son enseignement, par quelle issue propice l'intelligence de l'enfant s'ouvre à ses leçons, et quel accès au contraire lui est encore fermé dans un esprit qui se développe lentement et jour par jour.

De là l'importance des réflexions auxquelles nous convions tous les éducateurs sur la psychologie de l'enfant.

Un premier point qui ne saurait être contesté, c'est que les facultés mentales sont soumises à la loi du développement, de l'évolution progressive. Rien dans la nature ne se fait en une fois, d'un seul coup, par une sorte de miracle improvisé. L'esprit, comme les corps organisés, comme les végétaux, par exemple, se forme peu à peu, par petites progressions insensibles. D'où cette conclusion pédagogique que, dans le développement de l'intelligence, tous les moments ne sont pas également favorables pour aborder telle ou telle étude. Il est nécessaire que l'art de l'éducateur introduise dans la succession des enseignements une évolution, une progression analogue à celle que la nature réalise elle-même dans les facultés intellectuelles.

**Innéité des facultés.** — Une autre vérité essentielle, c'est que l'esprit n'est pas seulement le résultat des acquisitions successives de l'expérience, et n'est pas fait seulement des connaissances que nous emmagasinons au jour le jour (1). Il ne part pas de rien pour arriver à tout. Il apporte en naissant des tendances, des aptitudes innées. Il n'est pas enfin, comme paraissent le croire certains pédagogues, notamment Coménius * et Diesterweg *, une capacité vide, une table rase *.

« Sur la table sont inscrites, antérieurement à la naissance même, en beaucoup de caractères obscurs, les traces des inscriptions faites par les impressions renouvelées depuis un nombre incalculable de générations. Si effacées et indistinctes sont ces inscriptions que l'on a pu regarder la table comme nette... Mais plus l'on observe l'enfant, plus l'on arrive à déchiffrer aisément les inscriptions d'abord illisibles qu'il apporte avec lui dans le monde. On reconnaît alors quel capital il a hérité de ses ancêtres,

(1) Voyez, sur l'innéité des facultés, notre *Cours de psychologie*, 1re partie, leçon IV, p. 74; leçon XII, p. 188.

combien il est de phénomènes qui ne dépendent pas des impressions sensitives, et combien l'on a tort de penser que l'homme apprend à sentir, à vouloir, à penser par lui seul, par la seule activité de ses sens (1). »

Il en résulte que l'instituteur, pour réussir dans sa tâche, doit prendre soin de démêler ces tendances générales de la nature : la curiosité par exemple, le besoin du plaisir, la sympathie et l'amour-propre. Il ne peut contribuer à la formation de l'esprit, que s'il sait obéir et se conformer aux lois naturelles : de même que l'hygiéniste ne peut assurer la santé du corps qu'en adaptant ses prescriptions aux lois de l'organisme et de la vie.

**Différence des aptitudes.** — Mais l'innéité n'a pas seulement pour effet de préparer à toutes les intelligences un fonds commun d'inclinations qui se retrouvent chez tous les enfants. L'innéité diversifie les esprits : elle varie ses dons; elle dote les uns de plus de mémoire, les autres de plus d'imagination; elle distribue capricieusement, et dans des proportions très différentes, les qualités solides du jugement et du raisonnement. La psychologie a beau faire tous ses efforts pour emprisonner dans des formules précises et arrêtées la nature mobile et variable des choses : elle n'y parvient pas. Il y a toujours des différences individuelles. Et quand la psychologie vous a enseigné ce qu'est l'enfant en général, ce qu'est la nature humaine, il vous reste encore à apprendre par vous-même, par votre propre expérience, ce que sont, dans leur individualité distincte, les enfants que vous avez à élever.

La divination des caractères, si importante pour l'éducation morale, ne l'est pas moins pour l'éducation intellectuelle. Tel enfant a besoin d'être surveillé sans cesse, d'être constamment tenu en haleine : il ne fera de progrès que si vous avez l'œil toujours ouvert sur lui, si vous lui expliquez les choses les plus simples,

(1) Preyer, *L'Ame de l'enfant*, préface, p. XI, Paris, Alcan, 1887.

si, pour employer cette expression triviale, vous lui mâchez tous les morceaux. Tel autre au contraire ne demande qu'à marcher tout seul : il faut lui mettre la bride sur le cou; vous le gêneriez, si par un zèle indiscret vous vouliez diriger tous ses mouvements. L'émulation est tantôt extrême, tantôt presque nulle. Le goût de la lecture, très développé chez les uns, existe à peine chez les autres... En un mot, il n'y a pas deux enfants qui se ressemblent. Et ces différences parfois profondes, parfois délicates, il faut de toute nécessité savoir les reconnaître, soit pour favoriser les aptitudes heureuses et les faire servir à votre but, soit pour les réprimer et les contenir, si par leur exagération naturelle elles devaient nuire à l'harmonie générale du développement des facultés.

**Ordre de succession identique.** — La diversité des aptitudes qui oblige l'instituteur à varier, à nuancer avec dextérité ses moyens d'éducation, pour les conformer aux besoins de chaque enfant, n'empêche pourtant pas l'organisation d'un plan d'études identique pour tous.

C'est que, comme le fait remarquer avec raison un psychologue de l'enfance, les différences individuelles portent bien plus sur l'époque et sur le degré, que sur l'ordre de succession et d'apparition des phénomènes intellectuels. L'essence de ces phénomènes eux-mêmes est identique chez tous (1).

En d'autres termes, les facultés ne se développent pas chez tous les enfants au même âge, à la même heure; elles n'ont pas le même degré de puissance, mais elles apparaissent l'une après l'autre dans le même ordre de succession. De même que des différences sensibles peuvent exister dans le volume des fruits, dans la coloration des fleurs, dans les dimensions des feuilles; mais les feuilles, en règle générale, précèdent les fleurs et les fruits.

(1) Preyer, *op. cit.*, préface, p. VII.

La conséquence est que l'on peut, sans crainte de se tromper, proposer à tous les enfants le même ordre, la même progression d'études, à la condition pourtant de ralentir ou d'accélérer ce mouvement en avant, suivant qu'on a affaire à des natures paresseuses, tardives, lentes à s'éveiller, ou au contraire à des intelligences précoces, où je ne sais quelle puissance intérieure hâte et précipite l'évolution intellectuelle.

**Progression des études.** — Dans le choix et dans la distribution des études, on tiendra donc sérieusement compte de la progression naturelle des facultés. L'ordre logique d'un bon programme d'enseignement doit correspondre à l'ordre chronologique du développement des forces de l'esprit. De même que l'estomac du nouveau-né ne supporte pas d'autre alimentation que le lait, et qu'il serait dangereux de lui donner des aliments solides, avant qu'il ait des dents pour les mâcher, de même l'esprit de l'enfant ne comporte au début d'autre nourriture intellectuelle que les connaissances concrètes : il n'a pas le pouvoir de digérer et de s'assimiler les vérités abstraites et les idées générales. Des idéalistes chimériques, comme Malebranche*, ont seuls pu s'imaginer que l'intelligence n'a point d'âge, et que le petit enfant a de la raison autant que l'homme fait. Comme les pédagogues modernes, et notamment M. Herbert Spencer, l'ont établi avec éclat, il n'y a de succès possible dans les études que si l'enseignement est simple et sensible au début, avant de devenir petit à petit complexe et abstrait.

« Il y a un ordre donné et une mesure donnée dans le développement des facultés. Si les cours d'études suivent cet ordre, tout est bien. Mais si les facultés supérieures sont surchargées, parce qu'on leur présente sans cesse des connaissances plus complexes et plus abstraites que celles qu'elles peuvent s'assimiler, ou si, par excès de culture, le développement de l'intelligence est poussé plus loin qu'il ne convient à un certain âge, l'avantage anormal obtenu ainsi sera inévitablement suivi d'un désavantage équivalent et même plus qu'équivalent (1). »

(1) M. H. Spencer, *De l'éducation*, traduction française, p. 210.

Ou bien, présentées à contretemps à une intelligence mal préparée, les connaissances ne lui profitent pas : elles glissent à la surface d'un esprit qui n'est pas ouvert, comme le grain de semence se perd sur un terrain qui n'est pas labouré; ou bien au contraire, quoique plus rarement, cette précocité d'études forcées provoque une excitation artificielle, qui fatigue et épuise l'intelligence dans sa fleur, qui la stérilise à jamais. Les enfants prodiges deviennent rarement des hommes distingués, à moins que leur extraordinaire avance soit le résultat, non d'une culture excessive et anormale, mais de dons exceptionnels de la nature.

**La curiosité.** — Le principe fondamental d'une bonne éducation intellectuelle est donc de régler l'ordre des études et le choix des méthodes d'après les lois naturelles de l'activité spontanée de l'esprit : c'est pour cela que le maitre devra incessamment faire appel aux instincts de l'enfant, à « ces penchants de la nature qui vont comme au-devant de l'instruction », et particulièrement à la curiosité.

La curiosité est un des grands ressorts de l'intelligence, mais c'est un ressort délicat qu'on brise, si on ne le manie pas avec prudence, avec dextérité. Généralement très vive chez le tout jeune enfant, la curiosité s'émousse parfois et disparait chez l'écolier, parce qu'on n'a pas su l'entretenir et l'exercer.

« La manière dont vous instruisez l'enfant, dit un observateur sagace, a souvent cet inconvénient de prévenir la curiosité, de l'empêcher de naitre ou du moins d'arrêter ses mouvements sur-le-champ. En effet, que fait-on? On prend l'enfant, on l'assied sur un banc, et on lui enseigne nombre de choses dont il n'a jamais aperçu l'existence, qu'il ne soupçonnait pas, que par conséquent il n'a pu désirer connaitre. On éteint sa curiosité avant qu'elle ait pu s'éveiller. Quant aux choses dont il a pu entrevoir quelques traits, qui l'ont peut-être intrigué, on les lui expose d'un coup et pleinement, et même avec plus de détails qu'il n'en demandait. On accable sa curiosité à peine née, on lui enseigne tant de choses par force qu'il n'a plus nulle envie de rien apprendre. »

Il y a donc un art particulier de tenir la curiosité en éveil; et celui-là disposera le mieux de ce puissant moyen d'éducation, qui, n'abusant pas des leçons didactiques, saura intéresser l'enfant à chercher, à découvrir par lui-même la vérité.

**L'amour-propre.** — Tous les enfants sont curieux; tous aussi sont plus ou moins sensibles à l'amour-propre. Quels que soient les abus possibles de l'émulation, nous ne pensons pas que l'éducation intellectuelle puisse se passer de ce stimulant. L'enfant désire savoir sans doute; mais en outre il désire savoir ce que ne savent pas ses camarades, ou tout au moins le savoir mieux qu'eux; et il appartient au maitre de tirer parti, tout en les modérant, de ces petites ambitions studieuses.

De même qu'en morale il serait imprudent de ne pas donner comme auxiliaire au devoir l'intérêt bien entendu, de même en pédagogie il serait dangereux de ne pas associer au goût désintéressé de la science les excitations de l'amour-propre, quelque égoïste qu'il soit.

**L'attrait dans l'étude.** — Il faudrait vraiment méconnaitre les lois de la nature humaine, et oublier l'unité de l'organisme moral, pour supposer que les facultés de l'intelligence doivent seules concourir à l'œuvre de l'éducation intellectuelle, et qu'il n'est pas nécessaire de mêler la sensibilité, sous toutes ses formes, au travail de l'esprit.

On a dit adieu sous ce rapport aux préjugés qui avaient cours, au temps de l'ascétisme*, alors que Pascal en venait à s'interdire comme un péché d'étudier la géométrie, parce que la géométrie lui était agréable. Sans aller jusqu'à dire, dans un sens absolument contraire, qu'une étude n'est bonne, qu'elle ne peut profiter à l'esprit qu'à la condition d'être agréable et de procurer du plaisir, il est certain que le plus possible on doit écarter de l'enseignement les aspérités, les rigueurs inutiles, et le rendre attrayant dans une certaine mesure.

Et cet attrait résultera moins d'ornements étrangers, de la vaine recherche d'artifices agréables, que de l'appropriation exacte des études à l'âge de l'enfant, de l'effort que nous ferons nous-mêmes pour choisir et présenter les matières d'enseignement dans l'ordre et de la manière qui intéressent le plus l'élève. C'est une loi de la psychologie en effet que toute activité est agréable, qui répond aux forces de la nature humaine et qui est en harmonie avec ses lois.

**Nécessité de l'effort.** — Mais quelque disposé que nous soyons à reconnaître les avantages de l'éducation attrayante, nous ne dirons pas comme Fénelon : « Il faut que le plaisir fasse tout. » Dans son système de complaisance excessive, l'auteur de l'*Éducation des filles* répudie tout ce qui est pénible. Il veut en toutes choses substituer l'attrait à l'effort. Il n'ose pas présenter à l'enfant les connaissances toutes nues, toutes sèches, de peur de rebuter son attention; il faut toujours qu'il les pare d'agréments artificiels. Il proscrit absolument les leçons didactiques. Il ne suit pour arriver à la science que des chemins riants, et n'emploie pour former l'esprit que des procédés aimables.

Utopies séduisantes, mais dangereuses, qui dissimulent tout ce que l'éducation intellectuelle exige d'efforts persévérants et parfois pénibles! Sans doute il est bon, il est nécessaire même de ne pas dérouter et déconcerter l'esprit de l'enfant, surtout au début, par des leçons trop graves, trop austères. Mais, à force de vouloir rendre les études attrayantes, on les puérilise, on en affaiblit la portée, on en compromet l'effet salutaire et fortifiant. A force de vouloir ménager la faiblesse de l'enfant, on entretient précisément cette faiblesse. Le vrai moyen de rendre l'enfant fort, intellectuellement et moralement, c'est de croire à sa force naturelle, de lui en prêter même plus qu'il n'en a réellement, en tout cas d'exercer celle qu'il a, en ne lui épargnant ni la peine, ni la fatigue.

L'éducation intellectuelle n'est pas seulement l'œuvre du développement naturel et normal des facultés propres de l'esprit, aidé, dirigé par l'habileté d'un maître. Nous avons vu tout à l'heure que la sensibilité y jouait un rôle, et ce que nous venons de dire de la nécessité de l'effort prouve que l'éducation intellectuelle est aussi en partie l'œuvre de la volonté. Nous perdrions notre temps et nos soins, nous aurions beau avoir organisé les meilleures méthodes d'enseignement, avoir cherché des auxiliaires dans la curiosité, dans l'amour-propre, dans la sensibilité : tout cela serait inutile, si nous ne savions pas susciter chez nos élèves la ferme volonté de s'instruire.

**Application des facultés aux divers ordres de connaissances.** — On voit donc comment les diverses facultés de l'âme entrent en jeu dans l'éducation intellectuelle. Il n'en est pas moins vrai que l'attention du maître doit se porter surtout sur les forces particulières de l'intelligence. Qu'il sache les exciter toutes ; qu'il se garde de favoriser l'une à l'exclusion des autres. L'éducation n'est pas une série de cultures spéciales : elle est un développement harmonieux. Le champ d'études de l'école primaire, quelque restreint qu'il soit, est encore assez vaste pour ouvrir carrière aux diverses aptitudes mentales de l'enfant. Il y a des études qui exigent surtout de la mémoire, d'autres du raisonnement, d'autres de l'imagination. Que par une vue nette de la nature du travail à accomplir, l'éducateur sache bien de quels instruments, de quels outils intellectuels il doit se servir tour à tour. De même que, dans le petit troupeau d'enfants qu'il conduit, il ne doit oublier personne, et qu'il lui est interdit de laisser un seul de ses élèves inactif et négligé à son banc, de même, dans cet ensemble de facultés dont se compose l'esprit, il n'y en a pas une qu'il ne doive à son heure mettre en train, en la conviant aux exercices qui lui sont propres.

Ce qui importe dans l'éducation intellectuelle, c'est

moins d'avoir fait apprendre beaucoup de choses, que d'avoir inspiré le goût de s'instruire, d'avoir formé la faculté d'apprendre et de comprendre; et l'on peut répéter de toutes les forces intellectuelles ce que Diesterweg disait de l'attention : « L'attention est une faculté précieuse : l'esprit peut oublier ce qu'il a appris, mais la faculté d'être attentif, une fois acquise, ne se perd plus. »

## RÉSUMÉ.

26. **L'éducation intellectuelle** a un double but : communiquer à l'esprit des connaissances : former l'esprit lui-même.

27. **L'école primaire** ne dispose pas évidemment d'autant de moyens que les établissements d'enseignement secondaire et supérieur pour développer les facultés intellectuelles : cependant, quelque limité que soit son enseignement, elle peut, elle doit avoir une **action éducatrice.**

28. L'essentiel est moins ce qu'on enseigne, que **la façon** dont on l'enseigne.

29. Pour bien enseigner, il faut d'abord **savoir** bien ce qu'on enseigne; mais il faut aussi : 1° se conformer à l'**ordre progressif** du développement des facultés intellectuelles; 2° se rendre compte de la **nature des connaissances diverses** dont se compose le programme d'enseignement, afin d'appliquer à l'étude de chacune d'elles les facultés qui lui conviennent.

30. **Les facultés intellectuelles** sont soumises, comme toutes les forces de la nature, à la

loi du **développement**, de l'**évolution progressive.**

31. L'esprit n'est pas une **table rase** : il apporte en naissant des **aptitudes**, des **tendances innées** ; et l'éducateur doit savoir discerner, soit les inclinations générales qui constituent le fonds commun de la nature humaine, soit les aptitudes particulières qui distinguent les individus.

32. Les différences individuelles portent plus sur l'**époque d'apparition** et sur le **degré de puissance**, que sur l'ordre de succession des phénomènes intellectuels.

33. Il y a dans le **développement des facultés** un ordre identique de succession, auquel doivent correspondre la **progression des études** et le **choix des méthodes.** L'ordre logique pour **les programmes d'enseignement** équivaut à l'ordre chronologique de l'**évolution des facultés.**

34. L'éducateur doit savoir faire appel aux **instincts de l'enfant**, aux penchants naturels dont on a dit qu'ils vont comme au-devant de l'instruction : la curiosité, l'amour-propre.

35. Les facultés de l'esprit ne concourent pas seules à l'éducation intellectuelle : il faut y intéresser aussi la **sensibilité**, le besoin naturel de **plaisir**, et par suite rendre l'instruction **agréable, attrayante.**

36. L'éducation intellectuelle est en partie une œuvre de **volonté** : il serait dangereux de substituer toujours l'attrait à l'effort : il faut **exercer**

**les forces** de l'enfant, en ne lui épargnant ni la peine, ni la fatigue.

37. Toutes les facultés intellectuelles doivent être **tour à tour** exercées, et appliquées à leur heure aux divers sujets d'étude, qui demandent, les uns plus de **mémoire** et d'**imagination**, les autres plus de **jugement** et de **raisonnement**.

## AUTEURS A CONSULTER.

M. H. Spencer, *De l'éducation*, ch. II : *De l'éducation intellectuelle*. — Mme Necker de Saussure, *L'Éducation progressive*. — M. Gréard, *Éducation et Instruction : Enseignement primaire*, Hachette, 1887, p. 80 et suiv. — M. B. Pérez, *Les Trois premières années de l'enfant ; — L'Enfant de trois à sept ans*, Paris Alcan.

# LEÇON IV

## ÉDUCATION INTELLECTUELLE. — ÉDUCATION DES SENS. PETITS EXERCICES D'OBSERVATION.

Les sens et l'éducation intellectuelle. — Éducation des sens. — Hygiène des sens. — Les perceptions sont perfectibles. — Les sens, instruments de l'esprit. — L'enseignement par les yeux. — Exercices d'intuition. — Les leçons de choses. — La vraie méthode à suivre. — Le dessin. — Les travaux manuels. — Culture de l'attention. — L'habitude de l'observation. — L'ouïe et le chant. — Les sentiments esthétiques.

**Les sens et l'éducation intellectuelle.** — Dans un esprit bien fait, dont l'éducation intellectuelle est complète, chaque faculté doit avoir été développée, exercée, de manière à concourir pour sa part à l'œuvre commune, qui est de savoir assez pour bien penser; de même que dans une maison, ou dans un État sagement réglé et ordonné, chaque personne travaille à son rang, contribuant dans la mesure de ses forces à la prospérité collective de la famille ou de la nation. L'idéal, pour cette collectivité de fonctions que d'un seul mot nous appelons intelligence, c'est donc une adaptation spéciale, une culture particulière de chaque faculté, mise au point, grâce aux connaissances qu'elle a acquises ou qu'elle est en état d'acquérir, et capable par suite de s'associer à l'action harmonieuse de l'ensemble.

Par conséquent, des sens actifs et éveillés qui nous fournissent des perceptions exactes et précises, une conscience claire et réfléchie, une mémoire, prompte et fidèle, qui conserve toutes les acquisitions de l'expérience, une imagination vive, un jugement droit. un raisonnement solide, correctement fondé sur des idées générales bien comprises : tel est, en résumé, le tableau des qualités intellectuelles que l'éducateur doit assurer à son élève, pour obtenir un heureux équilibre de toutes les facultés.

**Éducation des sens.** — Les sens jouent un trop grand rôle dans l'organisation de l'intelligence pour qu'il soit permis de les négliger, comme le faisait l'ancienne éducation. Autrefois, on n'exerçait guère les yeux de l'enfant qu'en les retenant sur les livres, sur les caractères de l'alphabet. Aujourd'hui, on s'ingénie pour leur présenter toute sorte d'objets sensibles, ou, à défaut d'objets, des images.

L'éducation des sens, qui, à vrai dire, commence dès le berceau, avec le premier regard de l'enfant ouvert sur le monde, doit être l'objet de la sollicitude attentive des parents : mais elle se continue à l'école. Elle comprend d'ailleurs plusieurs parties, les sens étant eux-mêmes des organes complexes, les instruments matériels des perceptions de l'intelligence.

1° Il faut d'abord garantir l'intégrité des organes, leur santé naturelle, les défendre contre les infirmités qui en altèrent le jeu normal ;

2° Il faut ensuite, par des exercices appropriés, perfectionner chaque sens, et faire en sorte que, dans ses perceptions propres, il acquière toute la force, toute la précision possible ;

3° Il faut aussi, en même temps qu'on exerce les sens eux-mêmes, développer les facultés actives qui se mêlent à leurs exercices, l'attention, l'habitude de l'observation ;

4° Et enfin, les sens étant les conditions matérielles de toute idée, de tout sentiment du beau, il n'est pas inutile de préparer, par le choix des perceptions qu'on suggère à l'enfant, son éducation esthétique, c'est-à-dire de l'habituer à goûter les beautés de la nature et de l'art.

**Hygiène des sens.** — Le point de départ de l'éducation des sens relève de la physiologie et de l'hygiène. Organes d'une extrême délicatesse, les sens sont parfois imparfaits dans leur structure naturelle; faute de soins, ils contractent d'autres imperfections; et pour ne parler que de l'œil, le plus important de tous les sens, la myopie est la preuve irrécusable de cette influence d'une mauvaise éducation.

La myopie, en effet, est souvent la conséquence des conditions du travail dans les écoles. La preuve en est que, de classe en classe, le nombre des élèves qui en sont atteints augmente sensiblement. On a examiné cent six élèves de la première année d'un cours élémentaire : pas un myope; soixante-six élèves du cours supérieur dans la même école : onze myopes.

Les spécialistes sont d'accord pour attribuer cette progression alarmante à une mauvaise attitude prolongée. Les élèves regardent de trop près leurs livres et leurs cahiers: et cela, parce que l'éclairage est défectueux, ou bien parce que le mobilier scolaire est mal disposé, les livres imprimés trop fin, ou bien, encore, les méthodes d'écriture mauvaises. Les causes du mal étant connues, il est facile de trouver les remèdes. Les hygiénistes posent comme principe que « la distance des yeux aux livres ne doit jamais dépasser 25 centimètres à l'école maternelle et 33 centimètres à l'école primaire (1) ». Ils énumèrent d'ailleurs une multitude de prescriptions minutieuses que nous nous contenterons de résumer.

*Éclairage des classes.* — Le problème de l'éclairage d'une classe est résolu quand il fait suffisamment clair à la place la plus sombre. L'éclairage bilatéral vaut mieux que l'éclairage unilatéral. Dans les écoles maternelles surtout, l'éclairage par un plafond vitré est le meilleur.

*Mobilier.* — Il faut que les distances soient telles

(1) Voyez *Hygiène des écoles primaires, Rapports et documents*. Paris, Imprimerie Nationale, 1884.

que la table surplombe le banc, que la table ne soit pas trop haute, que l'élève puisse, tout en écrivant, prendre un point d'appui sur un dossier, que les pieds soient posés à plat, enfin qu'on ait donné une certaine pente au pupitre.

D'autres conditions encore sont requises, dont le détail nous entrainerait trop loin, soit par rapport à l'attitude des enfants quand ils écrivent, soit en ce qui concerne les livres classiques, dont les caractères ne doivent pas être trop fins et qui seront imprimés sur papier blanc ou mieux sur un papier de teinte jaunâtre.

Sans doute, ces règles ne sauraient toujours être observées : mais il est bon de les indiquer pour encourager les instituteurs à s'y conformer le plus possible. Qui donc voudrait se résigner à laisser son école devenir une fabrique de myopie ?

**Les perceptions sont perfectibles.** — Il ne servirait de rien que la nature ou l'hygiène nous eût donné d'excellents instruments de perception sensible, si nous n'apprenions pas à nous en servir. Comme toutes les facultés, les sens sont perfectibles. Il y a un écart considérable entre ce qu'ils sont naturellement, et ce qu'ils peuvent devenir, grâce à une éducation méthodique et régulière. Comme le disait J.-J. Rousseau, « nous ne savons ni toucher, ni voir, ni entendre que comme nous avons appris ». Prenons l'enfant le plus intelligent, naturellement doué d'une bonne vue : il reste encore à lui apprendre à regarder, à considérer un objet sous toutes ses faces ; il reste à lui donner l'habitude des perceptions précises, complètes, exactes, qui ne se contentent pas d'un rapide coup d'œil, d'une superficielle considération des choses, mais qui, patiemment, analysent tous les détails, toutes les particularités des objets perçus.

**Les sens, instruments de l'esprit.** — Ce qui doit nous intéresser particulièrement à l'éducation des sens, c'est qu'il ne s'agit pas seulement de les mettre en état de pourvoir avec sûreté, avec promptitude, aux besoins de la vie matérielle. En même temps qu'on les exerce pour eux-mêmes, que, par exemple, on apprend à l'œil à mesurer les distances ou à fouiller d'un seul regard tous les aspects d'un même objet, on amasse des matériaux pour l'esprit. Les connaissances sensibles ne sont pas seulement les plus nombreuses; ce sont aussi les premières que l'intelligence puisse acquérir, et celles qui doivent servir de principes à toutes les autres. Avant Pestalozzi, avant Frœbel, La Chalotais* écrivait dès 1762 que « le principe fondamental de toute méthode est de commencer par ce qui est sensible, pour s'élever par degrés à ce qui est intellectuel » ; et Rousseau, à la même date, développait dans l'*Émile* la même pensée. Avant eux tous, Coménius avait dit que le principe de l'éducation était qu'il fallait « voir et nommer ».

**L'enseignement par les yeux.** — On peut dire que la plus grande innovation de la pédagogie moderne consiste précisément dans cette tendance, de plus en plus manifeste, à substituer aux abstractions, aux règles générales, aux leçons apprises par cœur, les intuitions sensibles, les perceptions concrètes. Et si l'on veut bien y prendre garde, cette révolution pédagogique s'est faite surtout au profit d'un seul sens, du sens de la vue. La caractéristique des méthodes modernes de l'éducation intellectuelle, c'est qu'elles sont, pour ainsi dire, la revanche de la vue sur l'ouïe. Horace Mann le fait nettement ressortir dans une page qu'il convient de citer :

« Le meilleur moyen de donner de l'attrait aux leçons serait d'employer l'œil plutôt que l'oreille à l'acquisition des connaissances. La supériorité de l'œil sur les autres sens, en promptitude, précision, étendue, est presque infinie, infinie comme son pouvoir de pénétrer partout où va la lumière. Le goût, l'odorat, le toucher sont les serviteurs du corps plutôt que de l'âme, et dans l'infinie variété du monde extérieur, l'ouïe ne nous révèle que les sons. L'œil, au contraire, est la grande voie de communication entre l'infini extérieur et matériel et l'infini intérieur et spirituel. L'esprit acquiert souvent par un regard ce que des quantités de livres et des mois de travail lui auraient à peine appris par l'oreille. Employer l'oreille au lieu de l'œil, c'est donc, dans certains cas, aussi intelligent et aussi expéditif qu'il le serait pour les oiseaux voyageurs de marcher au lieu de voler. Ouvrons donc toutes grandes les portes de l'œil qui embrasse dans un seul regard le ciel et la terre (1). »

**Exercices d'intuition.** — Les exercices d'intuition doivent donc prendre de plus en plus, dans l'éducation intellectuelle, la place qui était autrefois réservée aux exercices mécaniques de la mémoire. De cette nécessité est né le système des *leçons de choses*. Au lieu des mots transmis par l'ouïe à la mémoire, ce sont les choses mêmes qu'on présente à l'esprit par les yeux.

Comme le dit M. Herbert Spencer :

« L'axiome de Bacon, que « la physique est la mère des sciences », est enfin admis en éducation. Sans une connaissance exacte des propriétés visibles et tangibles des objets, nos conceptions sont condamnées à être fausses, nos déductions sont erronées, nos opérations d'esprit stériles. Quand l'éducation des sens est négligée, tout le reste de l'éducation se ressent d'une façon irrémédiable de leur paresse, de leur engourdissement, de leur insuffisance (2). »

**Les leçons de choses.** — Les leçons de choses ne prétendent pas se substituer exclusivement aux intuitions sensibles, intuitions que le maître peut trouver mille occasions d'éveiller dans les différentes parties de son enseignement, ni aux observations spontanées que l'enfant est appelé à faire à chaque instant, dans ses promenades, dans ses récréations; pas plus que la gymnastique ne prétend remplacer, dans l'éducation du corps, les jeux libres et l'activité instinctive. Mais il y a intérêt néanmoins à ce que la leçon de choses reste un exercice distinct, surtout aux débuts des études. Les enfants, dans leur curiosité native,

(1) Horace Mann, *Conférence sur l'enseignement attrayant*, 1887.
(2) M. Spencer, *De l'éducation*, p. 62.

sont aisément portés à regarder, à observer d'eux-mêmes ; mais leur observation est légère, elle est inconstante, elle manque de patience et de persévérance. De là l'utilité des leçons de choses, qui ne sont en définitive que des exemples, donnés par le maître, de la manière dont il faut observer un objet, si l'on veut se rendre compte de toutes ses qualités sensibles. La leçon de choses réglemente pour ainsi dire l'intuition sensible. Elle apporte la méthode dans l'exercice des sens. Elle vaut moins par les connaissances particulières qu'elle fait acquérir sur l'objet qui sert de texte à la leçon, que par les habitudes générales dont elle provoque la formation. Quand, sous la direction du maître, l'enfant aura plusieurs fois analysé sous toutes ses faces tel ou tel objet, un minéral, une plante, il aura corrigé ce qu'il y a de naturellement mobile dans son intuition ; il aura acquis une disposition à opérer de la même manière, c'est-à-dire avec ordre et méthode, dans le cours de toutes ses études, comme dans ses observations personnelles.

**La vraie méthode à suivre.** — Il va de soi que la leçon de choses, qui est un appel aux sens et à l'activité de l'esprit, pour rester efficace, ne doit pas être transformée en un exercice mécanique trop prolongé et, par suite, ennuyeux. Pestalozzi n'échappait pas à cet inconvénient, lorsqu'il faisait pendant des heures répéter à ses élèves ce qu'ils observaient dans la tapisserie légendaire, dont ils décrivaient laborieusement les trous...

Comme le fait très judicieusement remarquer M. Buisson dans le *Dictionnaire de pédagogie* (article *Intuition*) : « Quand on a pendant deux ou trois leçons de suite fait considérer à des enfants une règle, un cube, une table, une porte ou un poêle, sous prétexte de leur faire acquérir par des exercices successifs l'intuition de diverses qualités physiques ou géométriques de cet objet, on n'obtient plus d'eux que des mots ; ils répéteront en chœur, si l'on veut : « la table est rectangulaire » ou « la règle a six faces et huit arêtes » ; mais ils détourneront la tête, penseront à autre chose, et ne voudront pour ainsi dire plus voir ni ces faces ni ces arêtes ; il leur suffit de les avoir constatées une fois ou deux ; toutes les répétitions qui suivent ne peuvent plus être que machinales. »

La leçon de choses ne peut être utile qu'à la condition d'être intéressante et attrayante, par conséquent de rester discrète et mesurée, et de ne pas renouveler, sous une autre forme, les défauts des anciennes méthodes.

Nous ne saurions trop le redire : la leçon de choses, en présentant à l'intuition de l'enfant des objets matériels, méthodiquement choisis et graduellement distribués, tend moins à lui faire percevoir, avec méthode, les diverses qualités de ces objets, qu'à lui donner l'habitude d'apporter dans toutes ses perceptions les mêmes qualités d'analyse et d'observation complète. Il s'agit de lui apprendre à distinguer nettement les couleurs et les nuances de couleurs, à apprécier les longueurs, les distances. Il s'agit de développer, selon l'expression d'un grand peintre, Léonard de Vinci*, le « bon jugement de l'œil », ou encore, comme disait un autre illustre artiste, Michel-Ange*, « de mettre le compas dans les yeux ».

Il s'agit de préparer pour tout le cours de la vie une faculté de perception pénétrante et exacte, qui soit comme une photographie mentale de la réalité matérielle, qui permette à l'esprit d'accumuler des séries d'images nettes et précises, qui en un mot fasse des sens les instruments d'une sorte de géométrie instinctive et naturelle.

**Le dessin.** — Ce n'est pas seulement dans les exercices directs de la leçon de choses, c'est aussi dans la plupart des enseignements de l'école, l'écriture, le dessin, les notions de sciences physiques et naturelles, la géographie, les travaux manuels, que l'instituteur aura à se préoccuper de l'éducation des sens.

Rousseau a déjà signalé l'importance du dessin, comme instrument de l'éducation des yeux :

« Il faut, disait-il, qu'au lieu d'appliquer toujours avec la main la mesure, l'enfant s'accoutume à l'appliquer avec les yeux. Les enfants, grands imitateurs, essayent de tout dessiner : il faut cultiver cet art, non pour l'art lui-même, mais pour leur rendre l'œil juste et la main flexible ; il importe peu qu'ils sachent tel ou tel exercice, pourvu qu'ils acquièrent la perspicacité des sens et la bonne habitude du corps, qu'on gagne par cet exercice. Il faut donc bien se garder de ne les faire dessiner que sur des dessins. Je veux qu'ils aient sous les yeux l'original même, et non pas le papier qui le représente. Il faut les détourner même de rien tracer de mémoire en l'absence des objets, jusqu'à ce que par des observations fréquentes leurs figures exactes s'impriment bien dans l'imagination. Longtemps ils barbouilleront sans rien faire de reconnaissable ; ils prendront tard l'élégance des contours et le trait léger ; mais ils contracteront certainement un coup d'œil juste, une main sûre, la connaissance des vrais rapports de grandeur (1). »

Il ne saurait être contesté que le dessin est la meilleure des gymnastiques pour le sens de la vue. Dans l'*Instruction spéciale sur l'enseignement du dessin*, publiée par les soins du ministère de l'instruction publique, on insiste avec raison sur cette vérité qu'apprendre à dessiner, c'est en même temps apprendre à voir et à se rendre compte de ce qu'on voit. Par suite on demande qu'à l'école maternelle, et même à l'école primaire, l'enseignement du dessin soit donné simultanément avec la leçon de choses : la description d'un objet ne saurait être mieux faite en effet qu'au moyen de la représentation par un dessin. Faites décrire verbalement à l'enfant un objet que vous lui présentez, cela est bien ; mais, lui mettant un crayon dans les mains, exercez-le à le reproduire sur le papier ou sur l'ardoise, cela est encore mieux.

**Les travaux manuels.** — Il n'y a guère d'exercice scolaire qui ne puisse se prêter, s'adapter à l'éducation des sens ; mais sans avoir le temps d'insister sur toutes les parties de l'enseignement, nous signale-

(1) J.-J. Rousseau, *Émile*, livre II.

rons en passant, à ce point de vue, l'importance des travaux manuels.

Comme le dit M. E. Schmitt, dans sa *Pédagogie du travail manuel* (1), les exercices de l'atelier scolaire ont pour résultat, non seulement de développer la dextérité de l'organe du toucher, de la main, que Gratiolet appelait « le compas à cinq branches », mais aussi de perfectionner l'œil, de l'habituer à l'évaluation des grandeurs.

« Supposons un enfant occupé à reproduire un coffret de $0^m,30$ de longueur, sur $0^m,10$ de largeur et $0^m,04$ de hauteur. Il aura constamment les dimensions sous les yeux; il les comparera entre elles; elles se photographieront dans son esprit, et il est indubitable qu'après cette observation continue et réfléchie, il sera à même de tracer de mémoire et sans hésitation les longueurs 30, 10 et 4 centimètres, avec une précision remarquable. et par analogie, le double, la moitié, le quart. Il en sera de même pour les surfaces et les volumes. »

**Culture de l'attention.** — L'éducation des sens ne profite pas uniquement aux sens eux-mêmes : elle profite à l'esprit en lui fournissant d'innombrables notions, elle lui profite encore en exerçant celles des fonctions intellectuelles qui ont à intervenir dans l'exercice des sens et notamment à l'attention.

Habituez l'enfant à examiner avec soin les objets sensibles, à étudier dans tous ses détails la structure d'une fleur, l'organisme d'un insecte : vous ne lui apprenez pas seulement à bien voir ; vous lui aurez donné par surcroît l'habitude de l'attention. Et cette puissance de concentrer son esprit, de l'appliquer où l'on veut, une fois qu'elle se sera développée à l'occasion des choses matérielles, subsistera toujours et s'appliquera progressivement à toutes choses.

Rien n'est délicat, rien n'est fragile comme l'attention à ses débuts. Si vous employez des méthodes maladroites, si vous voulez, par exemple, retenir de force

(1) *Pédagogie du travail manuel*, par M. E. Schmitt, Paris, Picard et Kaan, 1889, p. 70.

l'esprit de l'enfant sur des livres qui ne l'intéressent pas, ou bien sur des abstractions qu'il comprend à peine, vous risquez de le rendre inattentif pour la vie, vous le provoquez vous-même à chercher dans la distraction un refuge, un asile contre l'ennui que lui causent des études mal appropriées à son âge.

Il n'y a donc pas de meilleure manière, de méthode plus sûre et plus aisée de provoquer l'attention naissante de l'enfant, que de lui présenter des objets sensibles. Il trouve à les étudier un plaisir que ne sauraient lui procurer au même degré les leçons les mieux faites, les histoires les mieux racontées ; et l'attrait, l'intérêt est, comme on l'a dit, « un talisman unique pour développer l'attention ».

**L'habitude de l'observation.** — L'attention portée sur les choses extérieures prend un nom particulier : elle s'appelle l'observation. Et il y a un inestimable profit à ce que l'enfant devienne, non seulement attentif en toutes choses, mais aussi observateur, c'est-à-dire attentif à tout ce qui peut être l'objet des sens. M. Herbert Spencer n'hésite pas à déclarer que de « la puissance d'observation dépend le succès en tout ». Ce qui est certain, c'est que l'observation, qui est le principe des sciences physiques, est aussi le point de départ de l'expérience pratique, la condition du succès dans les affaires. Combien de fautes n'éviterions-nous pas, dans nos rapports sociaux, par exemple, si nous savions mieux observer les autres hommes, si nous avions appris, par une observation pénétrante et perspicace, à deviner leurs intentions, à connaitre leurs caractères, qui se trahissent souvent dans leurs gestes, dans les mouvements de leur physionomie !

Sans doute, la nature inspire à tous les enfants un goût instinctif d'observation. Mais quelle différence pourtant, à ce point de vue, d'un enfant à un autre ! Tel n'aura pas passé deux minutes dans un magasin, dans un appartement, qui sera capable de décrire tout ce qui y est contenu, et qui, avec le regard fureteur d'un commissaire-priseur, aura saisi le moindre détail des choses. Tel autre, au contraire, aura longtemps regardé sans rien voir ou presque rien. Il y a donc lieu de se préoccuper, dans l'éducation, de cette inégalité des aptitudes, et de favoriser le développement de l'esprit d'observation, en faisant souvent appel à cette faculté, en obligeant l'enfant à rendre compte de ce qu'il a vu, soit oralement, soit par écrit.

**L'ouïe et le chant.** — Assurément les intuitions, les observations de la vue ne sont pas tout dans l'éducation des sens. Le toucher, l'ouïe méritent aussi l'attention de l'éducateur. L'ouïe, en particulier, a besoin d'être exercée de bonne heure. Bien entendre, est une qualité précieuse. Savoir écouter, importe plus encore. Avoir de l'oreille enfin, est chose désirable. Les sens, tels que l'ouïe et la vue, ne sont pas seulement les intermédiaires entre l'esprit et les qualités matérielles du monde extérieur : ils révèlent aussi, quand on les a cultivés à ce point de vue, les beautés sensibles des choses. Le chant est à l'ouïe ce que le dessin est à la vue : une sorte de gymnastique appropriée qui développe les qualités musicales, qui fait apprécier la pureté des sons ; de même que le dessin apprend à connaître et à aimer la correction, la symétrie des lignes, la beauté des formes.

**Les sentiments esthétiques.** — C'est ainsi que la culture des sens élève l'esprit de l'enfant au-dessus de choses proprement matérielles, et l'achemine peu à peu vers les jouissances de l'art. La contemplation du monde physique, pourvu qu'elle soit bien dirigée, peut être l'éveil des sentiments les plus élevés. Quand on a fait observer à l'enfant les nuances de l'arc-en-ciel, les changeantes couleurs de la goutte de rosée, le majestueux éclat du soleil couchant, il reste pénétré d'amour et d'admiration pour ces spectacles : il s'habitue à comprendre le beau, à le goûter, et à le rechercher, pour en jouir, soit dans la nature, soit dans les œuvres de l'art.

## RÉSUMÉ.

38. **L'éducation intellectuelle** suppose la culture spéciale de chaque faculté, qu'il s'agit de mettre au point pour qu'elle puisse concourir à l'action harmonieuse de l'ensemble.

39. **L'éducation des sens** est complexe : il faut : 1° assurer l'intégrité matérielle des organes; 2° perfectionner les perceptions propres de chaque sens; 3° profiter de l'exercice des sens pour développer les facultés actives qui y concourent, l'attention, l'habitude de l'observation; 4° enfin, à l'occasion des perceptions sensibles, éveiller l'idée et le sentiment du beau.

40. L'éducation des sens relève d'abord de l'**hygiène**, qui maintient les organes dans leur état normal, et par exemple évite à l'enfant la **myopie**, qui est souvent la conséquence d'une mauvaise attitude prolongée.

41. Les perceptions des sens sont **perfectibles** et l'on apprend à voir, à toucher, à entendre.

42. Pour **perfectionner les sens**, il faut les exercer; et en les exerçant, on ne les rend pas seulement plus aptes à percevoir avec précision, on enrichit l'esprit d'une multitude de notions qui sont les principes du développement ultérieur de l'intelligence.

43. Un des principes de la pédagogie moderne, c'est qu'il faut par degrés s'élever du **sensible** à l'**intellectuel**.

44. Dans cette révolution pédagogique qui aux

**mots** a substitué les **choses**, c'est de la vue surtout, c'est de l'**enseignement par les yeux** qu'il s'agit.

45. La **leçon de choses** est un exercice méthodique de perception ou d'intuition : elle vaut moins par les connaissances particulières qu'elle fait acquérir sur certains objets, que par l'habitude qu'elle donne d'observer toutes choses avec méthode, avec patience et à fond.

46. La plupart des enseignements de l'école se prêtent à l'éducation des sens, notamment le **dessin** et les **travaux manuels.**

47. Les exercices des sens profitent encore à l'esprit, parce qu'ils offrent une occasion de se développer à l'**attention**, et à l'**observation** qui n'est que l'attention portée sur les choses extérieures.

48. On risque fort de rebuter l'attention, si au début on la retient de force sur des abstractions ; la meilleure manière de la **provoquer**, c'est de l'appeler à considérer les choses sensibles, qui ont pour l'enfant un attrait naturel.

49. Les sens ne nous révèlent pas seulement les **propriétés scientifiques** des objets extérieurs ; ils nous permettent aussi de saisir les **qualités esthétiques** des choses, et préparent par conséquent l'**éducation du sentiment du beau.**

## AUTEURS A CONSULTER.

J.-J. Rousseau, *Émile*, le second livre. — Horace Mann, conférence sur l'*Enseignement attrayant.* — Mme Pape-Carpantier, *Notice sur l'éducation des sens.* — M. Chaumeil, *Manuel de pédagogie psychologique.*

# LEÇON V

## RÔLE ET CULTURE DE LA MÉMOIRE ET DE L'IMAGINATION.

Culture simultanée des diverses facultés. — Règles générales. — Les sens, la conscience et la mémoire. — Une page de Rollin. — La mémoire et l'intelligence. — La répétition. — Ce qu'il faut apprendre par cœur. — Préjugés sur la mémoire. — Rapports de la mémoire et des autres facultés. — La mnémotechnie. — Culture de l'imagination. — L'imagination à l'école. — L'imagination et l'histoire. — Les compositions littéraires.

**Culture simultanée des diverses facultés.** — S'il est nécessaire de donner une place importante à l'éducation des sens, ce n'est pas une raison, comme le voulait à tort J.-J. Rousseau, pour consacrer exclusivement à des exercices d'intuition les premières années de l'enfance. Aux exercices d'intuition doivent s'entremêler de très bonne heure des exercices de mémoire et des exercices de jugement. Les perceptions des sens elles-mêmes, quel prix auraient-elles, si elles n'étaient pas contrôlées par le jugement et retenues par le souvenir?

Les livres d'ailleurs et les leçons orales réclament vite leur part dans l'enseignement, et toutes les facultés de l'esprit trouvent alors l'occasion de s'exercer, la mémoire et l'imagination au premier rang.

Pour apprendre à lire, par exemple, l'enfant a d'abord besoin de ses yeux : une intuition vive et nette des caractères de l'alphabet hâtera le succès de ses efforts. Mais le succès complet et rapide n'est possible que si à cette intuition succède une représentation claire dans l'imagination, un souvenir fidèle et tenace dans la mémoire.

Dans une lecture expliquée, ce ne sont pas seulement les perceptions, la mémoire, l'imagination, qui entrent en jeu : c'est aussi le jugement, le raisonnement, pour peu que l'on veuille faire comprendre à l'élève le sens et la suite des pensées contenues dans le texte. En d'autres termes, les facultés intellectuelles ont beau être distinguées l'une de l'autre par l'analyse psychologique : en fait elles se mêlent, elles se confondent, et le devoir de l'éducateur est de les mettre toutes en mouvement, non point par une culture morcelée, successivement et l'une après l'autre, mais ensemble et dans un commun effort.

**Règles générales.** — Un pédagogue suisse, François Naville*, a nettement résumé les règles générales, les principes qu'il convient de suivre (1).

« 1° Le premier principe, dit-il, est qu'il faut cultiver toutes les facultés. »

En d'autres termes, toutes les facultés ont droit à l'éducation ; toutes sont perfectibles, toutes doivent être perfectionnées. Comment en négliger une seule, si l'on veut former un esprit complet, qui ne présente point de lacunes graves?

« 2° Il faut avoir égard, dans la culture des facultés, aux dispositions naturelles de l'enfant, à son sexe, à sa vocation et à l'importance relative des facultés. »

Les facultés ne se présentent pas chez tous les enfants avec le même degré d'énergie naturelle : de là l'obligation pour l'instituteur de varier ses méthodes d'enseignement, ses procédés d'interrogation, pour les approprier aux aptitudes individuelles de ses élèves, de modérer l'imagination trop active de celui-ci, d'exciter l'imagination trop lente de celui-là. De plus, les facultés n'ont pas toutes la même importance : d'où la nécessité de proportionner exactement au rôle qu'elles

(1) Voyez *l'Éducation publique considérée dans ses rapports avec le développement des facultés*, Paris, 1833.

ont à jouer l'essor que, par une culture particulière, on prépare à chacune d'elles ; la mémoire, par exemple, sera subordonnée au jugement.

« 3° Il faut cultiver toutes les facultés simultanément ; 4° il faut appliquer chacune d'elles exclusivement à des objets de son ressort. »

Quoique les facultés ne marchent pas toutes du même pas, que les unes précèdent les autres dans l'ordre naturel de l'évolution, il faut autant que possible les mettre toutes en train. D'autre part, chaque faculté doit être maintenue dans son domaine propre : la mémoire, par exemple, n'a presque rien à voir dans les sciences de raisonnement, comme l'arithmétique et la géométrie.

**Les sens, la conscience et la mémoire.** — Les perceptions des sens sont la source principale qui alimente l'esprit : la mémoire est comme le réservoir où toutes ces perceptions s'accumulent. Mais les notions sensibles ne sont pas seules confiées à la garde de la mémoire. Les impressions intérieures de la conscience, les idées générales, en un mot tout ce qui, à un moment donné, a constitué un état de la conscience, tend à se reproduire de nouveau dans l'esprit, avec plus ou moins de force, selon que l'expression initiale a été plus ou moins intense.

Le berceau des souvenirs exacts et fidèles, c'est donc la vivacité des impressions premières. Vous aurez déjà beaucoup fait pour la culture de la mémoire, si vous avez ménagé à l'enfant des intuitions claires, si, dans un autre domaine, vous ne lui présentez que des idées générales bien expliquées et, par suite, bien comprises.

Mais la culture de la mémoire ne doit pas veiller seulement sur les origines, sur ce qu'on pourrait appeler les racines des souvenirs particuliers, quels qu'ils soient, concrets ou abstraits. Quoi qu'en dise Locke, et avec lui toute une école de philosophie, il n'y a pas seulement dans l'esprit une série de souvenirs, qui, selon les circonstances, s'y logent avec des degrés divers de ténacité. Il y a véritablement une aptitude, une tendance à se rappeler, que la nature ou l'éducation fait plus ou moins forte : une faculté, non seulement de retenir tout ce qui a déjà été perçu ou conçu par l'intelligence, mais d'apprendre autre chose, de retenir avec une facilité et une sûreté toujours croissante des connaissances nouvelles.

L'éducation de la mémoire ne vise donc pas uniquement à meubler l'esprit d'un grand nombre de souvenirs : elle tend à fortifier la mémoire elle-même, et il n'y a pas d'autre moyen de la fortifier que de l'exercer.

**Une page de Rollin.** — Rollin, dans le *Traité des études*, a écrit sur la culture de la mémoire quelques pages substantielles qu'il ne sera pas inutile d'analyser ici (1) :

« C'est la mémoire, dit-il, qui est la gardienne et la dépositaire de ce que nous voyons, de ce que nous lisons, et de tout ce que nos maîtres ou nos propres réflexions nous apprennent. »

Rollin fait remarquer ensuite qu'une bonne mémoire est à la fois un présent de la nature et le fruit du travail. Il en conclut qu'il est très important de s'appliquer de bonne heure à cultiver la mémoire chez les enfants. Mais il a le tort d'ajouter que « dans leur bas âge ils ne sont presque encore susceptibles d'aucun autre travail », oubliant que les perceptions sensibles tout au moins, les leçons de choses, et aussi les exercices de lecture expliquée, les exercices d'écriture de dessin. sont également à la portée des enfants.

Rollin se préoccupe ensuite des mémoires naturellement paresseuses et rétives, qui refusent d'abord tout service et semblent condamnées à une entière stérilité.

(1) Voyez le *Traité des études*, livre II de l'*Intelligence des langues*. chap. III, art. 4 : *De la nécessité et de la manière de cultiver la mémoire*. Cette étude ne figure pas dans la première édition du *Traité*.

« Il ne faut pas, dit-il, se rebuter aisément, ni céder à cette première résistance que l'on a vue souvent être vaincue et domptée par la patience et la persévérance. D'abord on donne peu de lignes à apprendre à un enfant de ce caractère, mais l'on exige qu'il les apprenne exactement. On tâche d'adoucir l'amertume de ce premier travail par l'attrait du plaisir, en ne lui proposant que des choses agréables, telles que sont, par exemple, les *Fables* de La Fontaine et des histoires frappantes. »

On ne saurait mieux marquer la nécessité de procéder avec ménagements, de ne pas accabler de trop de leçons à apprendre l'écolier qui débute, de choisir pour la récitation des textes faciles, attrayants.

**La mémoire et l'intelligence.** — Rollin n'en était pas à ignorer que la mémoire a besoin du concours de l'intelligence, c'est-à-dire du jugement, que, par conséquent, il ne faut pas se contenter de faire répéter machinalement les mots, que l'enfant doit se rendre compte des pensées exprimées et bien comprendre tout ce qu'il apprend :

« Une règle générale, dit Rollin, est de bien entendre et de concevoir nettement ce qu'on veut apprendre par cœur. L'intelligence contribue beaucoup certainement à aider et à faciliter la mémoire. »

**La répétition.** — Il n'en est pas moins vrai qu'il y a dans la mémoire une part de mécanique, pour ainsi dire, de routine machinale. C'est pour cela que de tous les procédés mnémotechniques le plus utile est la répétition. Il ne suffit pas de lire une seule fois ce qu'on veut apprendre par cœur : il faut réitérer la lecture. De cette façon les impressions se gravent plus profondément dans le cerveau. Il faut aussi, après quelques jours, revenir sur ce qu'on a appris.

La *Conduite des écoles chrétiennes*, qui est, comme on sait, le manuel pédagogique des écoles des Frères, donne à ce sujet des conseils pratiques que nous transcrivons :

« La bonne manière d'étudier n'est pas de lire la leçon d'un bout à l'autre et de la recommencer sans cesse, mais bien de suivre le procédé ci-après : 1° lire le texte deux ou trois fois avec une grande attention;

« 2° Apprendre de mémoire une ou deux lignes;

« 3° Quand on les sait bien, en apprendre encore autant et les réunir aux précédentes;

« 4° Lorsque, par ce moyen, on est parvenu à retenir une phrase, la répéter plusieurs fois, sans regarder le livre, et passer à la suivante pour l'étudier de la même manière (1). »

A la répétition se rattachent des procédés analogues, en ce qui concerne les choses qu'il faut retenir sans les apprendre par cœur : les résumés, les revisions, les récapitulations. Obligez l'élève à revenir sur ce que vous lui avez enseigné, à le condenser dans un abrégé rapide, ou à le répéter dans des termes équivalents. Les souvenirs durables ne se fixent pas du premier coup : il faut, pour les affermir, renouveler plus d'une fois l'impression. La mémoire, au fond, n'est qu'une habitude intellectuelle : l'aptitude acquise à penser de nouveau ce qu'on a déjà pensé. Comme toutes les habitudes, elle se fortifie par la répétition de l'acte.

**Ce qu'il faut apprendre par cœur.** — De quelque discrédit que certains pédagogues modernes prétendent couvrir la mémoire des mots, ce qu'on pourrait appeler la mémoire du mot à mot, il est impossible de se passer, dans l'enseignement, du vieux procédé qui consiste à faire apprendre par cœur. On en a abusé, il est vrai, et de deux manières, soit par l'excès de la récitation, soit en exigeant la mémoire littérale dans des études où elle n'a pas à intervenir : mais il ne faut pas pour cela renoncer à en user.

Outre l'exercice de la récitation proprement dite, qui porte sur les passages d'auteurs, sur les morceaux de prose ou de vers dont il est bon d'orner la mémoire de l'enfant, il y a dans toutes les parties de l'enseignement des choses qui réclament l'usage de la mémoire littérale, par exemple les dates en histoire ; en

(1) *Conduite à l'usage des écoles chrétiennes*, édition de 1877, p. 17.

géographie, la définition des termes techniques; en grammaire, les règles; dans les sciences physiques, les formules; en morale, quelques préceptes. Dans les sciences de pur raisonnement elles-mêmes, les définitions et les théorèmes, une fois expliqués et démontrés, doivent être appris par cœur. Nous croyons sans doute, avec M. Herbert Spencer, qu'il n'est pas mauvais d'apprendre la table de multiplication par la méthode expérimentale : mais je défie qu'on s'en tienne là et qu'on puisse dispenser l'enfant de la savoir par cœur.

La seule chose à proscrire, c'est la mauvaise habitude qui consiste à croire que répéter correctement les mots suffit, que les comprendre est inutile. A vrai dire, tous les pédagogues qui ont décrié la mémoire, se trouvent n'avoir médit que des mauvaises méthodes qui employaient à tort et à travers le plus précieux des instruments intellectuels.

**Préjugés sur la mémoire.** — Ce n'est donc pas la mémoire, dans son rôle légitime et nécessaire, qui peut être attaquée ; c'est seulement l'abus qu'on en fait, lorsqu'on lui permet d'empiéter sur le territoire des autres facultés. Voyez, par exemple, ce qu'en dit Naville :

> « La mémoire usurpe dans l'éducation des enfants une place prodigieuse, au grand détriment de leurs intérêts intellectuels et moraux. Elle devrait être bornée exclusivement au rôle modeste de dépositaire, de conservatrice : lui confier une succession de raisonnements et de sentiments, avant de l'avoir soumise au discernement des facultés qui doivent naturellement en connaître, c'est intervertir l'ordre des choses. »

En d'autres termes, la mémoire n'exerce une mauvaise influence que lorsqu'elle sort de son rôle, lorsqu'elle empêche l'action des autres facultés. Maintenue dans ses attributions propres, elle rend les plus grands services à l'esprit, et elle est toujours, malgré ses détracteurs, la faculté pédagogique par excellence, celle dont M. Bain a pu dire qu'il n'y en a pas qui joue un plus grand rôle dans l'éducation.

**Rapports de la mémoire et des autres facultés.** — La mémoire, en effet, n'est pas seulement la servante des mots, l'instrument passif de la récitation littérale; elle est une faculté vivante, qui peut être développée dans tous les sens, au profit des mots sans doute, mais aussi au service des idées.

On ne remarque pas assez qu'une bonne mémoire suppose le développement de la plupart des autres facultés. Dans un esprit bien fait, elle est comme le témoin qui atteste que toutes les autres fonctions de l'intelligence s'exercent régulièrement.

Elle dépend de la sensibilité : les âmes insensibles n'ont guère de mémoire; au contraire, un enfant dont les affections sont vives, qui prend intérêt aux choses, reçoit de tout ce qui l'émeut une impression profonde, qui est la garantie d'un long souvenir. De même la mémoire dépend, non seulement du jugement, mais du raisonnement, de l'ordre et de la méthode qu'on met dans les idées.

« Il est indubitable, disait Port-Royal, qu'on apprend avec une facilité incomparablement plus grande et qu'on retient beaucoup mieux ce qu'on enseigne dans le vrai ordre, parce que les idées qui ont une suite naturelle s'arrangent bien mieux dans notre mémoire et se réveillent les unes les autres. »

Enfin, la mémoire a besoin aussi du concours de la volonté : c'est l'attention, c'est l'effort de l'esprit qui à la fois fixe les souvenirs et permet de les rappeler, de les ramener au moment voulu sous l'œil de la conscience.

Ce n'est pas seulement par une culture spéciale, c'est en développant la sensibilité, les facultés supérieures de l'intelligence, l'énergie de la volonté elle-même, toute l'âme, en un mot, qu'on fera l'éducation de la mémoire. Elle n'a toute sa force que dans les esprits bien réglés, dans les âmes dont une conduite sage maintient la santé générale. Nous avons tous fait l'expérience que, fatigués par un excès quelconque, lorsque nos impressions ont perdu leur fraîcheur, notre mémoire ne dispose plus ni de sa facilité ordinaire pour apprendre, ni de sa promptitude à retrouver.

**La mnémotechnie.** — On a écrit des volumes, des traités de plusieurs centaines de pages sur la mnémotechnie, c'est-à-dire sur l'art de faciliter les opérations de la mémoire (1). Sans doute, avec les procédés artificiels de la mnémotechnie, on peut arriver à des prodiges, et l'abbé Moigno *, un des adeptes de cet art, raconte qu'il en était arrivé à étonner le savant François Arago *, en lui citant, de mémoire, les chiffres des altitudes des principales montagnes du globe. Mais quelque ingénieux que puissent être les systèmes proposés par les spécialistes de la mnémotechnie, quelques services qu'ils puissent rendre dans des cas donnés, quand on a, par exemple, un effort pressé à faire en vue d'un examen, il faut se défier des moyens artificiels, des rapports de convention que la mnémotechnie met en honneur. Tout ce qui aide la mémoire ne la fortifie pas. L'usage des notes prises par écrit, pour prendre un autre exemple, l'emploi de cette « mémoire de papier » dont parlait Montaigne, peut nous aider à assurer la conservation d'une série de souvenirs particuliers. Mais la culture générale de la mémoire n'en profite point, et ce qui importe pourtant, c'est avant tout une mémoire qui se suffise à elle-même, qui se fonde sur les rapports réels, sur les associations naturelles des idées, sur la méthode et l'ordre logique qu'on introduit dans l'enseignement, qui n'ait pas besoin enfin d'appuis extérieurs et de procédés purement mécaniques.

**Culture de l'imagination.** — L'imagination, sous sa forme la plus humble, n'est qu'un degré supérieur de la mémoire, une représentation vive de ce qui fait l'objet du souvenir. Nul doute, par conséquent, que dans l'intérêt de la mémoire elle-même on ne doive cultiver l'imagination représentative.

(1) Voyez par exemple le livre d'Aimé Paris, *Principes et applications diverses de la mnémotechnie*, Paris, 1833.

Dans la lecture, dans les exercices d'orthographe, dans le dessin, dans l'écriture, l'enfant réussira le mieux qui aura le plus d'aptitude à se représenter l'image, soit des caractères de l'alphabet, soit des lettres dont se composent les mots, soit des objets qu'il dessine. Savoir l'orthographe, a-t-on dit justement, ce n'est que posséder l'image des mots (1). Dans la composition littéraire, dans la narration notamment, l'imagination représentative sera aussi de quelque secours.

Il n'y a pas d'autre moyen de cultiver l'imagination représentative que de faire sérieusement l'éducation des sens. L'image n'est en effet que le résidu d'une intuition nette et claire, qui se conserve dans l'esprit et qui survit à la disparition de l'objet qui l'a provoquée.

**L'imagination à l'école.** — Mais l'imagination se dégage vite de cette première forme inférieure. Elle devient l'imagination active, inventive, qui ou bien combine elle-même les intuitions, les souvenirs, les idées, pour constituer un récit, une fable, ou qui tout au moins s'intéresse aux œuvres poétiques, dramatiques, à toutes les créations qui procèdent elles-mêmes d'un travail d'imagination.

Il y a donc deux parties dans la culture de l'imagination ainsi entendue : d'une part, il faut inspirer aux enfants le goût de la poésie, le goût de l'art ; d'autre part il faut, dans une mesure qui ne peut pas être très large à l'école primaire, les exercer à la composition, aux créations personnelles.

Rien ne sied mieux à l'esprit de l'enfant que ce double travail. C'est à tort que les anciens pédagogues excluaient l'imagination de l'éducation. Au XVIIe siècle, elle n'était considérée que comme une ouvrière d'erreur. On ne savait pas reconnaître encore que l'imagination a sa place marquée dans l'économie intellec-

(1) Voyez l'ouvrage de M. A. Chaumeil, *Manuel de pédagogie psychologique*, p. 88.

tuelle, qu'elle n'est dangereuse que lorsqu'elle s'égare, quand elle n'est pas réglée, et que la vraie manière de la régler, c'est de l'alimenter et de l'exercer. Dans notre siècle, on s'est montré plus équitable pour l'imagination; mais les tendances positives et les goûts scientifiques tendant à prédominer de plus en plus, il est plus nécessaire que jamais de réserver des soins particuliers au développement d'une faculté qui trouve sa satisfaction dans la douce contemplation des choses belles, et dans les fictions de l'art.

**L'imagination et l'histoire.** — C'est surtout par la lecture de quelques morceaux de poésie, de contes et de romans bien choisis, qu'on entretiendra le feu de l'imagination. Mais l'histoire elle-même, avec ses récits émouvants, avec ses personnages, est aussi une école d'imagination.

Un grand écrivain russe, le comte Tolstoï, qui s'est occupé de pédagogie, après avoir écrit d'admirables romans, prétend même que l'histoire ne peut intéresser l'enfant que parce qu'elle parle à son imagination.

« Je me suis convaincu, dit-il, que tous les personnages, tous les événements de l'histoire intéressent l'écolier, non pas en raison de leur signification historique, mais en raison de leur attrait dramatique, en raison de l'art déployé par l'historien ou, plus souvent, par la tradition populaire. L'histoire de Romulus et de Rémus l'intéresse, non point parce que ces deux frères ont fondé le plus puissant empire de l'univers, mais parce qu'elle est attrayante, jolie, merveilleuse... En un mot, le goût de l'histoire en soi n'existe pas pour l'enfant : il n'y a que le goût de l'art (1). »

Sans doute, il ne faudrait pas en conclure que l'enseignement de l'histoire puisse oublier son premier devoir, qui est la vérité, l'exactitude; mais, sans cesser d'être exacte, l'histoire peut intéresser l'imagination, si l'on sait en faire, selon l'expression de Michelet, « la résurrection vivante du passé ».

(1) Tolstoï, *L'École de Yasnaia Poliana*, p. 265.

**La composition littéraire.** — Nourrissons donc l'imagination de l'enfant de nobles images, empruntées soit à la réalité historique, soit aux inventions les plus pures du génie humain. Mais ne croyons pas que notre tâche, même à l'école primaire, se borne à cette éducation en quelque sorte passive de l'imagination. Il faut y joindre une sorte d'éducation active, en exerçant discrètement l'écolier à de petits essais de composition littéraire; et il n'est peut-être pas aussi difficile qu'on le croit généralement d'obtenir que les élèves prennent goût à cet exercice et y réussissent. Le comte Tolstoï, dans l'ouvrage que nous citions tout à l'heure, nous dit que « du jour où il donna à raconter aux élèves de l'école de Yasnaia Poliana des événements quelconques, tous devinrent joyeux, comme si on leur eût fait un cadeau ». D'après lui, les instituteurs se trompent quand ils choisissent, pour premiers sujets de composition, la description d'un objet, d'une table ou d'un banc, par exemple; il estime, non sans raison, que ces descriptions, qui ne mettent en jeu que l'imagination représentative, intéressent beaucoup moins l'enfant qu'une histoire à raconter. « Le même écolier, dit-il, qui pleure pour un banc à décrire, exprimera fort bien un sentiment d'amour ou de haine, la rencontre de Joseph avec ses frères, ou une rixe avec ses camarades. » Sans doute, les exercices de composition supposent d'autres facultés que l'imagination : ils demandent du jugement, quelque raisonnement; mais ils seraient déjà utiles, quand bien même ils ne pourraient contribuer qu'au développement de l'imagination.

## RÉSUMÉ.

30. Aux exercices d'invention sensible doivent se joindre de très bonne heure des **exercices de mémoire** et des **exercices de jugement**.

51. Il faut **cultiver toutes les facultés** à la fois, en tenant compte, il est vrai, de leur **importance relative** et aussi des **dispositions naturelles** de l'enfant.

52. Tout ce qui contribue à rendre intenses les **impressions initiales**, perceptions, idées générales, états de conscience quelconques, tend à fixer les souvenirs de ces impressions.

53. Mais l'**éducation de la mémoire** ne vise pas seulement la **conservation des souvenirs** particuliers : elle tend à **fortifier** par l'exercice la **faculté** même de la mémoire, c'est-à-dire le pouvoir d'acquérir avec une sûreté et une facilité toujours croissante des connaissances nouvelles.

54. Les **exercices de mémoire** consistent d'abord à réciter littéralement des textes faciles, courts, attrayants.

55. On ne doit jamais faire **apprendre par cœur** à l'enfant que ce qu'il a parfaitement **compris**.

56. La mémoire est une habitude et, comme toutes les habitudes, elle se fortifie par la **répétition**; de là l'importance des **résumés**, des **récapitulations**, des **revisions**.

57. Bien qu'il ne faille pas abuser des leçons apprises par cœur, il y a dans toutes les parties de l'enseignement des **règles**, des **formules**, des **définitions**, etc., que l'enfant doit **savoir par cœur**.

58. Tout le mal qu'on a dit de la mémoire s'applique plutôt aux **mauvaises méthodes**, qui en

ont dénaturé le véritable usage, qu'à la mémoire elle-même.

59. Outre la **mémoire des mots,** il y a la **mémoire des choses**, qui n'acquiert toute sa force que dans un esprit bien réglé, et qui suppose l'exercice de toutes les autres facultés, la sensibilité, la suite logique des idées, l'attention et la volonté.

60. Il ne faut pas tenir grand compte des **procédés artificiels de la mnémotechnie**, qui donnent à la mémoire de mauvaises habitudes, qui peuvent en faciliter, en aider l'action, mais qui ne la fortifient pas.

61. L'**imagination** n'est, sous sa première forme, qu'une mémoire d'un degré plus élevé : dans ce cas, elle est simplement **représentative**, et il n'y a d'autre moyen de l'exercer que de faire sérieusement l'éducation des sens.

62. L'imagination représentative rend des services pédagogiques dans la **lecture**, dans les **exercices d'orthographe**, de **dessin** et d'**écriture**.

63. L'**imagination active** ou **inventive** peut et doit être cultivée à l'école de deux manières : 1° il faut inspirer aux enfants le goût des **œuvres d'imagination**, de la **poésie**, de l'**art**; 2° il faut les exercer eux-mêmes à la **composition littéraire**, aux **petites créations personnelles**.

### AUTEURS A CONSULTER.

LOCKE, *Quelques pensées sur l'éducation*, section XXIV. — TOLSTOÏ, *L'École de Yasnaia Poliana*, traduction française. — M. Vessiot, *De l'enseignement à l'école*, ch. XXXIV : *Mnémotechnie historique*.

# LEÇON VI

## ROLE ET CULTURE DU JUGEMENT ET DU RAISONNEMENT.

Jugement et raisonnement. — Culture du jugement. — Montaigne et l'éducation du jugement. — Comment se forment les idées générales. — Intuition et abstraction. — Liberté du jugement. — Rectitude du jugement. — Les méthodes actives. — Le jugement et les diverses parties du programme. — L'imitation et le jugement. — L'éducation du raisonnement.

**Jugement et raisonnement.** — Les perceptions des sens et de la conscience conservées par la mémoire sont en quelque sorte les matériaux de l'esprit: mais elles ne constituent pas l'esprit lui-même, qui use et dispose de ces matériaux, qui les compare, qui les coordonne, pour faire son œuvre propre, pour juger et pour raisonner.

Le jugement est l'acte essentiel de l'intelligence: la culture du jugement est le point capital de l'éducation intellectuelle.

Juger en effet, si l'on entend bien ce mot, dans le sens général que lui donne la pédagogie, c'est démêler le vrai du faux en toutes choses, dans les affaires de la vie pratique, comme dans les recherches théoriques de la science. Avoir du jugement, c'est écarter les solutions fausses, pour s'en tenir à la solution juste; c'est éviter les causes principales d'erreur: c'est posséder cette justesse d'esprit qui règle les opinions et gouverne les actions des hommes éclairés et bons.

Les perceptions, les souvenirs font des esprits plus ou moins ornés, plus ou moins instruits : le jugement seul fait véritablement l'homme, capable de penser par lui-même, d'être autre chose que le miroir fidèle des faits extérieurs et l'écho des opinions d'autrui. Percevoir, se souvenir, sont des phénomènes plus ou moins passifs : juger, c'est agir intellectuellement. C'est dans le jugement qu'éclate la véritable activité de l'esprit.

En ce sens, on le voit, le jugement est plutôt un ensemble de qualités, une habitude de l'esprit qu'une opération spéciale et distincte. Il ne s'agit plus de ce jugement spontané, auquel donnent lieu même les perceptions les plus simples. Voir un objet, en effet, c'est juger que cet objet existe. Le jugement dont nous parlons diffère de cette forme inférieure de l'affirmation intellectuelle, en ce qu'il suppose un travail de l'esprit : la comparaison de plusieurs jugements primitifs, l'intervention des idées générales et abstraites.

Pédagogiquement, le jugement et le raisonnement ne se distinguent guère : et en fait il n'est pas impossible de prouver que tout jugement suppose un commencement de raisonnement. On peut donc les réunir sous une appellation commune : facultés actives et réfléchies de l'esprit.

**Culture du jugement.** — Que la culture de ces facultés de réflexion soit ce qui importe le plus dans l'éducation intellectuelle, c'est ce que tout le monde reconnait aujourd'hui. Les plus attardés dans les vieilles méthodes sont les premiers à le confesser.

« L'enseignement élémentaire, dit la dernière édition de la *Conduite des écoles chrétiennes*, a pris, dans ces derniers temps, un caractère particulier dont nous devons tenir compte : se proposant pour but principal de former le jugement de l'élève, il donne moins d'importance qu'autrefois à la culture de la mémoire ; il se sert surtout de méthodes qui exercent l'intelligence et portent l'enfant à réfléchir, à se rendre compte des faits, à sortir du domaine des mots pour entrer dans celui des idées. »

Depuis trois siècles, on peut dire que la culture du jugement est devenue le mot d'ordre de la pédagogie française.

**Montaigne et l'éducation du jugement.** — Montaigne est le premier qui ait donné l'exemple, et qui ait mis en relief la primauté du jugement, dans l'ensemble des facultés que l'éducation tend à former. A ses yeux, mieux vaut « tête bien faite que bien pleine » ; mieux vaut, en d'autres termes, un jugement solide et droit que toute une encyclopédie de connaissances. En histoire, par exemple, ce qui importe, ce n'est pas tant de connaître les faits, que de savoir les juger, « d'apprendre où mourut Marcellus, le général romain, que pourquoi il fut indigne de son devoir qu'il mourût là ». En toutes choses, il faut habituer l'enfant à discerner la vérité par lui-même : on lui montrera souvent le chemin, mais parfois on le lui laissera ouvrir. On ne lui demandera pas compte seulement des mots, « mais du sens et de la substance ». Ce qu'on lui aura appris, on le lui fera mettre « en cent visages, pour s'assurer qu'il l'a bien fait sien ». On ne lui imposera rien « par simple autorité » ; on fera appel à son libre examen. On s'efforcera enfin de ne pas loger seulement dans sa tête des opinions, aveuglément acceptées et admises pour vraies sans contrôle. On ne lui proposera des idées, « des pièces empruntées d'autrui », que pour qu'il se les assimile ; « il les transformera et confondra pour en faire un ouvrage tout sien, à savoir son jugement ; son instruction, son travail et son étude ne visent qu'à le former. »

**Comment se forment les idées générales.** — Pour bien comprendre ce que doit être l'éducation du jugement, il faut d'abord considérer que les idées abstraites ou générales jouent un rôle essentiel dans les opérations de l'esprit qui juge et qui raisonne. Ce sont ces idées qui servent de principes à nos jugements particuliers.

Un bon jugement suppose donc, comme condition préalable, que l'intelligence soit en état de manier avec aisance les idées abstraites et générales, et par conséquent d'attacher un sens précis aux mots qui les expriment. En d'autres termes, le premier degré de l'éducation du jugement, c'est l'acquisition des idées abstraites, la définition des termes généraux.

Quels sont les procédés qui conviennent le mieux pour en arriver là? C'est ce qu'il est aisé de dire en peu de mots, la tendance de l'enfant à généraliser et à abstraire étant beaucoup plus puissante qu'on ne le croit et n'ayant besoin que d'être aidée et soutenue pour se manifester de très bonne heure.

La première règle, c'est de ne jamais employer avec l'enfant, de ne jamais laisser passer dans un texte expliqué ou à apprendre par cœur, un seul mot abstrait, sans l'expliquer et le définir. Et l'explication, bien entendu, doit être donnée, non avec d'autres termes généraux qui auraient eux-mêmes besoin d'explication, — ce qui n'est possible qu'à un degré ultérieur du développement intellectuel, — mais autant que possible avec des exemples concrets, avec une énumération d'objets particuliers dont l'abstraction à définir est comme le résumé. Vous rencontrez, par exemple, pour la première fois dans vos leçons le mot « science » : n'allez pas dire à l'enfant que la science est un ensemble, un système de connaissances, que les sciences sont autre chose que les lettres, autre chose que les beaux-arts. Toutes ces définitions, bonnes pour un dictionnaire, ne le sont pas pour l'intelligence de l'enfant. Elles exigeraient d'ailleurs une longue série de définitions nouvelles. Non, mais faites appel aux souvenirs de l'enfant, représentez-lui ce que c'est que la géographie que vous lui avez enseignée, l'arithmétique dont il a commencé l'étude, l'histoire, la physique... Essayez, en rapprochant ces diverses sciences, de lui faire saisir ce qu'il y a de commun entre elles, en quoi elles se ressemblent; et vous aurez réussi à introduire dans l'esprit de votre élève, à la place d'un grand mot inintelligible, une notion claire et vivante.

**Intuition et abstraction.** — Une seconde règle, c'est de ne pas attendre que l'apparition d'un mot abstrait rende nécessaires des explications analogues à celles dont nous avons donné un exemple; c'est d'exercer l'enfant à découvrir lui-même, en considérant les rapports des choses, l'idée générale qui embrasse ces rapports, sauf à lui apprendre ensuite, s'il l'ignore encore, le mot qui exprime cette idée. Il faut appliquer les méthodes que les pédagogues anglais recommandent, sous le titre de méthodes *de juxtaposition et d'accumulation des exemples*, et qui consistent à présenter à l'enfant une série d'objets de même espèce, de façon à appeler son attention sur leurs ressemblances. Il faut profiter, en un mot, de l'inclination naturelle qui porte les enfants à généraliser et, par suite, à abstraire.

Dans le premier cas, l'esprit de l'enfant va du mot à l'idée que vous lui faites comprendre; dans le second, il s'élève lui-même de ses perceptions particulières à l'idée générale et au mot.

Mais, dans les deux cas, c'est l'intuition particulière qui est la condition de l'intelligence de l'idée générale. Il n'est plus permis aujourd'hui de faire passer les abstractions avant les perceptions, les définitions et les règles avant les exemples, les mots avant les choses. Chaque idée générale, chaque mot abstrait, doit rappeler à l'enfant une série de perceptions antérieurement acquises, un ensemble d'expériences préalables.

**Liberté du jugement.** — Une fois en possession d'un certain nombre d'idées abstraites et générales, l'enfant est en état de juger et de raisonner.

Mais de quelle manière le provoquera-t-on le mieux à user de cette faculté, qui doit lui permettre d'émanciper peu à peu son esprit, de ne plus se borner à répéter servilement ce qu'on lui a appris, de penser par lui-même?

Ici il y a deux choses surtout à examiner : d'abord par quels moyens on excitera le jugement personnel: ensuite comment on le réglera. D'une part, il faut développer la liberté, l'initiative du jugement; d'autre part, il faut le former, en assurer la rectitude.

Trop d'enfants, qui sont imperturbables dans la récitation de leurs leçons, restent coi dès qu'on leur demande un petit effort de jugement propre. Tous, même les mieux doués, sont plus enclins à reproduire ce qu'on leur a dit, qu'à exprimer des pensées personnelles. Sans doute, il faut respecter cette timidité naturelle d'un esprit encore à peine formé, qui se défie de ses forces et qui ne trouve que trop dans son ignorance l'excuse de son inaction. Cependant, sans violenter l'enfant, il convient que le maître prenne le plus tôt possible au sérieux son rôle d'excitateur d'esprit. Qu'il interroge souvent l'écolier, que par des questions habilement graduées il lui fournisse l'occasion de chercher dans sa petite tête une opinion qui soit bien à lui.

La première idée personnelle qui germe dans un cerveau d'enfant, quelle heureuse nouveauté! Quelle promesse pour l'avenir! Ici, comme en toutes choses, il n'y a que le premier pas qui coûte. Et une fois entré dans cette voie de réflexion originale, d'activité intellectuelle, l'enfant continuera, soyez-en sûr, et cherchera de lui-même à se procurer de nouveau le plaisir que lui a fait éprouver son premier effort d'invention.

S'il est important que des interrogations multipliées provoquent l'initiative de l'enfant, il ne l'est pas moins que des remontrances inopportunes lui soient épargnées, quand, faisant usage de la liberté de son jugement, il se risque à des observations peu judicieuses, à des réflexions puériles. C'est le maître qui très souvent est responsable de la paresse d'esprit qu'il reproche à ses élèves. Disent-ils une sottise? Il les arrête net, il leur coupe la parole, il les humilie, il les décourage : il leur ôte pour toujours l'envie de hasarder l'expression sincère de leurs pensées. Soyons plus indulgents : laissons l'enfant se tromper d'abord, pourvu qu'il pense. Le nouveau-né n'apprendrait jamais à marcher, si on ne lui permettait pas de faire au début beaucoup de faux pas et même quelques chutes.

**Rectitude du jugement.** — Les erreurs du jugement proviennent surtout de l'ignorance ou d'un défaut d'attention. Nous jugeons mal, parce que nous voulons nous prononcer sur des choses que nous ne connaissons pas, ou que, même les connaissant, nous précipitons notre jugement, nous concluons trop vite, dans le sens de nos goûts, de nos passions. C'est surtout chez l'enfant, naturellement étourdi et léger, que l'irréflexion est à craindre. On y remédiera peu à peu, en montrant doucement à l'écolier les causes de ses jugements faux. Il ne suffit pas de lui dire qu'il se trompe : il s'agit surtout de lui expliquer en quoi et comment il s'est trompé. Il faut lui faire toucher du doigt, en analysant l'erreur qu'il a commise, tout ce qu'il avait besoin de savoir, tout ce à quoi il aurait dû réfléchir pour éviter sa méprise.

La difficulté, le point délicat, c'est qu'il est nécessaire à la fois d'enhardir et de redresser le jugement ; et il semble contradictoire qu'on puisse à la fois encourager l'essor et corriger les écarts de la faculté de juger. Nous répondrons que c'est surtout une question de tact et aussi une question de moment. On peut relever les erreurs de l'enfant avec discrétion, sans colère, de façon à ne pas le décourager. D'un autre côté, c'est au début surtout et avec les enfants les plus jeunes qu'il est besoin d'exciter la hardiesse du jugement : une fois qu'on aura habitué l'écolier à penser par lui-même, on pourra y mettre moins de ménagements et ne pas lui épargner les réprimandes et les remontrances.

Nous venons d'esquisser le tableau de la formation du jugement : voyons maintenant comment l'enseignement doit être dirigé pour qu'il mérite d'être considéré comme une école de jugement.

**Les méthodes actives.** — Un pédagogue de l'enseignement secondaire, M. Maneuvrier, dans son livre récent sur l'*Éducation de la bourgeoisie* (1), a mis à la mode l'expression de « méthodes actives », pour dési-

(1) *L'Éducation de la bourgeoisie sous la République*, Paris, Léopold Cerf, 1888.

gner les procédés d'éducation qui s'adressent directement à l'esprit, qui cherchent avant tout à développer le jugement, qui, enfin, au lieu de courber, d'accabler la seule mémoire de l'enfant sous le poids de perpétuelles leçons didactiques, font appel à son activité propre, à son initiative personnelle.

Les méthodes mauvaises sont les *méthodes passives*, c'est-à-dire celles qui font des machines, comme disait le P. Girard, « des machines à paroles, des machines à écrire, des machines à réciter ». Ceux-là les appliquent qui parlent toujours, qui s'oublient dans de longues expositions, qui ne donnent jamais la parole à l'élève, de sorte que le maître fait tout, l'élève rien. « Je ne veux pas, disait Montaigne, que le maître invente et parle seul; je veux qu'il écoute son disciple parler à son tour. »

Les bonnes méthodes, au contraire, les méthodes actives, font intervenir sans cesse l'élève; elles l'exercent à juger, à penser et à exprimer sa pensée; elles ne l'habituent pas seulement à trouver par lui-même une partie de ce qu'il doit apprendre, à découvrir, après qu'on l'a mis sur la voie, des parcelles de vérité : elles l'accoutument à parler, à penser tout haut.

« Les vraies méthodes, dit M. Maneuvrier, sont celles qui réclament une intensité de pensée presque égale chez l'élève et chez le maître. Que celui-ci commence par exposer les résultats de la science : qu'il amorce l'enseignement par une leçon courte, substantielle, peu apprêtée... Rien de mieux. Mais cela ne suffit pas. Il faut que l'enfant, qu'on nous passe le mot, mette lui-même la main à la pâte. Oui! il faut que l'enfant agisse; qu'il parle, qu'il écrive...; il faut qu'il juge, qu'il critique; qu'il loue, qu'il blâme; qu'il expérimente; qu'il raisonne : il faut qu'il s'essaye à tout cela, sous l'œil et sous la direction d'un maître expert et dévoué. Tel est l'apprentissage fécond, qui lui servira toujours et en tout. »

**Le jugement et les diverses parties du programme.** — Il n'y a pas, à proprement parler, de leçons spéciales de jugement. C'est de toutes les parties de l'enseignement que doit résulter l'éducation de cette faculté maîtresse de l'esprit.

Le P. Girard l'a montré pour l'étude de la langue. A la grammaire des mots il voulait substituer la grammaire des idées, c'est-à-dire obliger l'enfant à découvrir lui-même les règles de la syntaxe, à raisonner sur les expressions qu'il emploie et sur les formes qu'il applique. « L'étude de la langue, dit M. Gréard, n'était ainsi pour lui qu'un instrument à l'aide duquel, en apprenant à l'élève ce qu'il est indispensable de savoir, il s'appliquait à exercer son jugement. »

L'étude du calcul se prête plus encore que l'étude de la grammaire à l'exercice du jugement et du raisonnement. « C'est sur la pratique du calcul, dit M. Gréard, que Pestalozzi établissait sa doctrine pédagogique, » qui avait pour but essentiel de donner à l'esprit de l'enfant « l'ouverture, l'aplomb, la rectitude ». Il est à remarquer pourtant que le calcul développe plutôt le raisonnement proprement dit que le jugement pratique. Les démonstrations de l'arithmétique présentent une exactitude et une rigueur, et aussi une simplicité abstraite, que ne comportent aucunement les questions complexes, délicates, embrouillées, de la vie réelle. Ne nous imaginons pourtant pas que les habitudes d'ordre, de méthode, contractées dans l'étude des sciences mathématiques soient indifférentes, pour nous préparer même au jugement pratique. Il y a d'ailleurs à noter ceci : c'est que l'enseignement du calcul, s'il est par lui-même une école de raisonnement, puisqu'il ne présente à l'enfant que des séries méthodiquement liées de jugements et d'idées, peut devenir aussi un exercice d'applications pratiques, si le maître sait faire un choix habile de problèmes, empruntés à la vie réelle.

L'histoire a toujours été considérée comme l'étude la plus propre à former le jugement. Pour cela, il faut qu'on y montre à l'enfant, non une simple succession, une juxtaposition de faits, mais un enchaînement de causes et d'effets. Il faut qu'on l'exerce non seulement à répéter de mémoire ce qu'on lui a raconté, mais à démêler par lui-même les causes des événements, à juger les hommes dont on lui parle, à apprécier leurs actions.

**L'imitation et le jugement.** — En un mot, c'est en appliquant partout une méthode agissante, que l'instituteur fera de ses élèves, non plus des automates qui répètent machinalement la leçon apprise, mais des esprits vivants, capables, dans la mesure de leurs connaissances, de prononcer des jugements fermes et décidés.

« Bien des choses, dit M. Gréard, s'effacent du souvenir plus ou moins vite, parmi celles que l'on apprend sur les bancs des classes... Mais ce qui reste des études bien faites, ce qui doit rester d'une éducation primaire où à la culture intellectuelle qui forme l'esprit est unie la culture morale qui forme le caractère, c'est un jugement éclairé et sain. »

Qu'on ne s'y trompe pas pourtant : même dans l'éducation du jugement et du raisonnement, il y a une part à faire à l'imitation, à la répétition machinale, à la vertu de l'exemple. Ce n'est pas seulement par un appel incessant à l'intelligence de l'élève, par des questions pressantes, par les occasions qu'il lui fournit d'exercer son esprit d'analyse et sa puissance de réflexion, que l'éducateur développera le jugement de l'enfant. Ce sera aussi en ne lui proposant que de bons modèles, en donnant lui-même l'exemple d'un jugement toujours droit, toujours réfléchi. Dans cette atmosphère de bon sens et de raison, l'enfant, par une imitation instinctive, contractera à son tour l'habitude de la réflexion et de la prudence. Les qualités qui distinguent l'enseignement du maître se transmettront doucement, par une sorte de contagion insensible, à l'esprit de l'élève. Et voilà pourquoi un pédagogue anglais a pu dire : « La science de l'éducation consiste à pourvoir l'esprit des faits dans l'ordre qui forme le mieux le raisonnement. »

**L'éducation du raisonnement.** — Tout ce que nous venons de dire s'applique en partie à l'éducation du raisonnement, le raisonnement n'étant, sous diverses formes, que la série des opérations intellectuelles qui conduisent et aboutissent au jugement. Le raisonnement sans doute, dans ses formes les plus précises et les plus élevées, mérite une étude particulière : ce sera l'objet de la leçon suivante. Mais avant de devenir le ressort essentiel de la méthode, avant d'être le principal instrument de la recherche scientifique, le raisonnement se mêle déjà aux opérations les plus simples du jugement enfantin. A vrai dire, jugement et raisonnement ne sont que des degrés divers de l'activité intellectuelle, de la pensée personnelle; et comme le dit M. Gréard dans une page qui mérite d'être citée et qui résume toute cette leçon, le but de l'éducation est de mettre cette activité en mouvement, de la susciter peu à peu par des exercices faciles, élémentaires. Les qualités plus hautes du raisonnement viendront ensuite par surcroît.

« Si le raisonnement de l'enfant est frêle encore, avec quelle rectitude il se prête à la main qui sait le conduire en le ménageant!

« Le meilleur maître est celui qui sait mettre cette activité en mouvement. Une fois que l'enfant est sur la voie, il suffit de le stimuler doucement, de le ramener s'il s'égare, en lui laissant toujours, autant qu'il est possible, la peine et la satisfaction de découvrir ce qu'on veut qu'il trouve. Qu'il s'habitue à justifier tout ce qu'il avance, à s'exprimer librement dans son propre langage ; laissez-le même s'exposer à une erreur, et faites-la-lui rectifier en lui montrant en quoi il a mal réfléchi : ce sera la plus profitable des leçons. Quand, d'un bout à l'autre de ses études, il aura été soumis à cette discipline, on pourra être assuré d'avoir formé un bon esprit, capable, quelle que soit la profession qu'il embrasse, d'une application raisonnée et féconde (1). »

## RÉSUMÉ.

64. Les perceptions des sens et de la conscience, conservées par la mémoire, sont comme les maté-

(1) M. Gréard, *Éducation et instruction* (*Enseignement primaire*), p. 91.

riaux de l'esprit : mais l'activité propre de l'esprit se manifeste dans le **jugement** et le **raisonnement.**

65. Depuis Montaigne, tous les pédagogues sont d'accord pour reconnaître que la **culture du jugement** est l'œuvre capitale de l'éducation intellectuelle.

66. Le **jugement**, considéré comme la faculté maîtresse de l'esprit, est moins une opération distincte, qu'un ensemble de qualités, une habitude intellectuelle; il est synonyme de **justesse d'esprit**; il consiste à discerner, en toutes choses, le **vrai** du **faux.**

67. L'exercice du jugement ainsi compris suppose l'intervention des **idées générales** ou **abstraites.**

68. Pour que l'enfant manie avec sûreté et aisance les idées générales et les mots abstraits, il y a deux règles essentielles à suivre : 1° ne jamais laisser passer un **mot abstrait** sans l'**expliquer** à l'enfant, par des **exemples concrets**, dans les premiers temps, plus tard par des **définitions** ; habituer l'enfant, en lui présentant une série d'**objets de même nature**, à saisir leurs **rapports** et leurs **ressemblances**, et à trouver lui-même l'idée générale.

69. Une fois en possession des idées abstraites et générales, l'enfant est capable de juger et de raisonner; et le second degré de l'éducation du jugement consiste : 1° à **exciter l'initiative**, la liberté du jugement personnel ; 2° à **assurer la rectitude** et **la justesse du jugement.**

70. On provoquera la liberté et l'initiative du jugement, en multipliant les **interrogations**, en sollicitant les **réflexions** de l'enfant, en ne lui témoignant pas mauvais gré des erreurs qui peuvent lui échapper.

71. On assurera la rectitude du jugement, en prévenant les deux causes principales de nos erreurs : l'**ignorance**, et la **précipitation** ou l'**irréflexion**.

72. L'enseignement ne peut être une école de jugement que si l'instituteur pratique les **méthodes actives**, celles qui s'adressent directement à l'esprit.

73. Toutes les parties de l'enseignement, la **grammaire**, l'**arithmétique**, l'**histoire**, etc., doivent fournir au maître l'occasion d'exercer le jugement.

74. L'**imitation**, l'action de l'exemple, joue aussi un rôle, mais un rôle secondaire, dans l'éducation du jugement : les qualités d'un **enseignement méthodique** se transmettent par une sorte de contagion à l'esprit de l'élève.

75. La **culture du jugement** se confond avec celle du **raisonnement**, le raisonnement se mêlant même aux opérations les plus simples de l'activité intellectuelle.

## AUTEURS A CONSULTER.

Montaigne, *Essais*, livre I, ch. xxv : *De l'institution des enfants*. — Mme Necker de Saussure, *L'Éducation progressive*, livre V, ch. ii : *Premiers exercices de réflexion et de raisonnement*.

# LEÇON VII

## LA MÉTHODE. — SES DIFFÉRENTS PROCÉDÉS. — INDUCTION ET DÉDUCTION.

La méthode en général. — Les méthodes particulières. — Importance de la méthode. — La méthode scientifique. — La méthode en pédagogie. — Les méthodes d'enseignement. — Méthodologie. — Méthodes, modes et procédés. — Observation et définition. — Induction et déduction. — Méthode inductive et déductive. — Analyse et synthèse. — La méthode de Descartes.

**La méthode en général.** — La méthode, dans son sens général, c'est l'ordre et la suite que l'on met volontairement dans ses pensées et dans ses actes. Elle suppose qu'on a conçu nettement un but à poursuivre, et qu'on a organisé des moyens pour l'atteindre sûrement. A ce point de vue, la méthode s'entend de toute entreprise réfléchie, de toute conduite raisonnée. Rien ne se fait bien sans méthode, ni une expédition militaire, ni un travail industriel, ni un voyage d'exploration.

Dans ce premier sens, l'éducation, elle aussi, a besoin de méthode : elle sera méthodique, si l'instituteur ne livre rien au hasard, s'il ne compte pas sur les bonnes fortunes de l'improvisation, s'il prépare ses leçons à l'avance, s'il calcule l'emploi du temps, s'il règle son travail et celui de ses élèves d'après un tableau régulièrement ordonné ; en un mot, s'il se comporte dans tous ses actes scolaires avec réflexion et avec ordre.

**Les méthodes particulières.** — Mais il ne suffit pas de suivre un ordre quelconque : il y a pour chaque catégorie d'entreprises un ordre privilégié, approprié et adapté à la nature de l'œuvre qu'on accomplit. Il y a, par exemple, la méthode scientifique qui a pour but de rechercher la vérité ; il y a la méthode pédagogique qui a pour but de communiquer la vérité.

En ce sens, il y a donc plusieurs méthodes distinctes : et les méthodes particulières sont chacune un ensemble, un système de procédés raisonnés et d'opérations coordonnées, que l'expérience et la raison sanctionnent comme les meilleurs possibles pour atteindre un but donné.

**Importance de la méthode.** — Personne ne conteste l'utilité de la méthode : pour s'y risquer, il faudrait résolument avouer que l'on préfère l'irréflexion, l'étourderie, le désordre, à la prudence et à la sagesse. L'absence de méthode condamne à l'impuissance les esprits les plus brillants ; elle voue à la stérilité les efforts les plus laborieux. Avec de la méthode, au contraire, des esprits même médiocres arrivent au but ; ils y arrivent avec moins de peine que les intelligences désordonnées et légères qui se perdent dans leurs marches et dans leurs contre-marches. Suivant l'expression de Bacon : *Claudus in via antecedit cursorem extra viam*, « le boiteux qui marche dans la bonne voie dépasse le coureur agile qui ne la suit pas. »

Mais ce que tout le monde ne reconnaît pas également, c'est l'utilité de l'étude des méthodes. A quoi bon, dit-on quelquefois, étudier dans les livres les méthodes savantes, dont les théoriciens ont analysé les plus menus détails ? La vraie méthode n'est-elle pas celle que l'on se fait à soi-même par ses réflexions personnelles et par son expérience propre ?

Assurément on n'apprend pas la méthode dans un manuel de logique ou de pédagogie, comme on apprend la table de multiplication dans un livre d'arithmétique. On ne prend pas la méthode toute faite dans les écrits des logiciens, comme on prendrait une règle dans une boite de géométrie pour l'appliquer sur le papier. La méthode la plus parfaite ne vaut rien, si l'on ne sait pas s'en servir. Les instruments les plus perfectionnés ne valent que par l'habileté de la main qui les emploie. « Le meilleur outil, dit avec raison M. Marion, est celui qu'on choisit à sa main et auquel la main est faite. »

Mais toutes ces considérations ne tendent pas à démontrer l'inutilité des méthodes : elles prouvent simplement qu'il faut s'approprier. s'assimiler par une réflexion féconde, par une pratique intelligente. les méthodes dont on étudie dans les livres les règles théoriques. Il faut que ces méthodes deviennent vivantes, qu'elles ne soient pas seulement des procédés mécaniquement employés, utilisés sans conviction. Il faut qu'elles soient l'esprit même de celui qui les applique.

On ne saurait mettre en doute la valeur des procédés que l'expérience des temps a consacrés : de sorte que même un esprit plein d'initiative, s'il veut se faire sa méthode à lui-même, ne pourra guère que retrouver avec effort ce que d'autres ont pratiqué avant lui et retomber dans les chemins battus. Ne vaut-il pas mieux qu'il se fasse tout de suite indiquer le chemin par ceux qui y ont marché avant lui?

Ce n'est pas à dire que les méthodes soient des règlements immuables et fixés une fois pour toutes. Il y a certainement beaucoup à attendre encore de l'avenir et du progrès. Comme le dit Mme Necker de Saussure, « les méthodes doivent être dans un état de perpétuel perfectionnement ». L'essentiel pourtant est déjà établi. et c'est ce fond essentiel qu'il s'agit d'étudier, en laissant le reste à la libre inspiration des novateurs.

**La méthode scientifique.** — C'est la logique qui étudie les règles de la méthode scientifique. Dans ce sens, la méthode est l'ensemble des procédés à suivre dans la recherche et la découverte de la vérité. Ainsi entendue, au dire des logiciens les plus compétents, la méthode comprend quatre parties : l'observation, la généralisation ou la définition, l'induction et la déduction (1). La première opération est réservée aux

(1) Voyez, par exemple, la *Logique inductive et déductive* de M. Alexandre Bain, Paris, Germer-Baillière, 1875, t. I, p. 52.

faits, les trois autres à la généralisation des faits.

Le point de départ de toute science, c'est évidemment l'observation, la connaissance des faits particuliers. S'il s'agit du monde extérieur, l'observation suppose l'exercice des sens; s'il s'agit du monde intérieur, de l'esprit, du sujet pensant, l'observation suppose l'exercice de la conscience. L'observation, pour être exacte et bien faite, comporte d'ailleurs certaines règles qui varient avec la nature des objets qu'on observe.

Le second degré de la méthode est la définition. En comparant, en classant, en assimilant au point de vue d'une ou de plusieurs parties communes un certain nombre d'objets particuliers, préalablement observés, l'esprit arrive à une idée générale dont le sens est exprimé par la définition qu'on peut en donner. Cette seconde opération suppose divers moments successifs : la comparaison, la classification, l'abstraction, l'emploi des termes généraux; mais toutes ces opérations qui tendent à généraliser peuvent se résumer dans la définition. On ne possède en effet une notion générale qu'à la condition de pouvoir la définir. Toutes les logiques ont des règles précises pour la définition.

L'induction est aussi une opération généralisatrice : mais elle diffère du mouvement intellectuel qui aboutit à la définition, en ce qu'elle conduit l'esprit, non à une simple notion, mais à une proposition. Autre chose est une idée générale : le fer, la vertu magnétique; autre chose une proposition, un jugement, une vérité inductive : par exemple, le fer peut acquérir la vertu magnétique. Les idées générales n'ont de prix d'ailleurs que parce qu'elles peuvent entrer comme éléments dans des propositions inductives.

Lorsque l'induction a fait son œuvre, il reste à appliquer les vérités qu'elle a établies à des cas nouveaux : c'est là l'office propre de la déduction qui, prenant pour point de départ une proposition générale et la confrontant avec d'autres propositions générales ou avec des faits particuliers, en tire des propositions nouvelles. Par exemple, l'induction nous a appris que le fer était une substance magnétique; or nous savons que la terre contient dans ses entrailles des masses de fer : d'où cette conclusion que l'existence de ces masses de fer dans l'intérieur de la terre est la cause ou tout au moins une des causes du magnétisme terrestre.

C'est à établir avec précision les conditions de l'opération inductive et de l'opération déductive, ces deux formes du raisonnement, que la logique consacre la majeure partie de ses efforts.

**La méthode en pédagogie.** — Maintenant, laissons de côté la logique; revenons à la pédagogie, et nous nous convaincrons que, pour communiquer la vérité, l'éducation ne dispose guère d'autres moyens que de ceux que le savant emploie pour découvrir la vérité.

Il est même à remarquer que la méthode en pédagogie a suivi pas à pas, dans leur évolution, dans leurs transformations, les changements introduits par le progrès des siècles dans la méthode scientifique. Tant que la déduction est restée la souveraine maîtresse de la logique, le formalisme, l'abus des abstractions, la prédominance des règles générales et des formules ont été la loi suprême de la pédagogie. C'est seulement le jour où la logique a réformé sa méthode, où Bacon a détrôné la déduction et le syllogisme pour mettre en honneur l'expérience et l'induction, que par une conséquence presque immédiate l'éducation a commencé, elle aussi, à recommander l'induction, l'observation, et les procédés inductifs. Coménius a pu être justement appelé le Bacon de la pédagogie, parce qu'il n'a fait pour ainsi dire que transcrire pédagogiquement les règles du *Novum Organum* (1).

**Les méthodes d'enseignement.** — La méthode pédagogique n'est donc, à vrai dire, que l'application à l'enseignement des règles de la méthode scientifique.

(1) Voyez notre *Histoire de la pédagogie*, p. 99.

Il y a, pour organiser les connaissances dans l'esprit de l'enfant, des règles qui sont analogues à celles que le savant applique pour construire la science elle-même.

La méthode d'enseignement variera d'ailleurs, soit avec la nature de l'objet à enseigner : elle ne sera pas la même pour la grammaire et pour l'arithmétique ; soit avec l'âge des écoliers : on n'enseignera pas l'histoire aux élèves du cours élémentaire sous la même forme qu'aux élèves du cours supérieur ; soit enfin avec les divers degrés de l'enseignement : à l'école normale, on fera étudier autrement qu'à l'école primaire.

En d'autres termes, la méthode d'enseignement doit toujours se conformer et s'adapter à ces trois règles générales : 1° la nature, le caractère particulier des connaissances que l'on communique à l'enfant ; 2° les lois de l'évolution progressive de l'esprit, aux différentes époques de l'âge scolaire : 3° le but propre et l'étendue de chaque degré d'instruction.

Ajoutons aussi que la meilleure méthode d'enseignement se reconnaît à ceci : qu'elle facilite le travail de l'élève, non celui du maître. Il ne s'agit pas de mettre aux mains de l'instituteur des moyens abréviatifs, des instruments mécaniques qui le dispensent d'activité et d'effort ; il s'agit de lui faire employer les procédés les plus appropriés à la nature et aux besoins de l'écolier.

« Le maître est toujours porté involontairement à choisir pour lui le procédé d'enseignement le plus commode. Plus ce procédé est commode pour le maître, plus il est incommode pour les élèves. Celui-là seul est bon qui satisfait les élèves (1). »

**Méthodologie.** — Bien que nous n'aimions pas beaucoup le mot, il faut le prononcer : la méthodologie est le terme qu'on emploie, surtout à l'étranger, pour désigner la partie de la pédagogie qui traite des méthodes d'enseignement. Voici comment la définit

(1) Tolstoï, *L'École de Yasnaia Poliana*, p. 98.

le traité le plus récent de pédagogie qui ait paru en Belgique :

« La méthodologie est la science de l'enseignement. Elle fait connaître les principes, les règles et les procédés qui constituent la méthode. Elle comprend la méthodologie générale et la méthodologie spéciale : l'une traite des points qui concernent toutes les branches d'études; l'autre s'occupe de chaque branche en particulier (1). »

**Méthodes, modes et procédés.** — Nous avons dit ailleurs (2) avec quelle étrange prolixité les pédagogues étrangers multipliaient, dans l'étude des méthodes, les distinctions, les divisions et les subdivisions, de façon à énumérer, dans un stérile verbiage, une quarantaine de formes, de procédés ou de méthodes qui ont chacune leur définition et leurs lois.

Il y a tout intérêt à écarter cette scolastique nouvelle et ce formalisme verbal. A prendre les choses simplement, il suffit de distinguer les *méthodes*, les *formes*, les *modes* et les *procédés*.

Les *méthodes*, qui sont l'essentiel, correspondent à l'ordre suivi dans les études : elles se réduisent à deux, qu'on peut appeler inductive et déductive, selon que l'induction et la déduction y dominent.

Mais il y a autre chose que l'ordre intérieur des vérités que le professeur expose ou qu'il suggère, autre chose que la marche inductive ou déductive de l'enseignement : il y a la forme extérieure que l'on donne à l'enseignement : ou bien le professeur parle seul, il expose ce qu'il veut faire apprendre; ou bien sa parole alterne avec celle de ses élèves, il interroge, il provoque des réponses; de là deux *formes* d'enseignement : la forme expositive ou didactique; la forme interrogative ou socratique.

Il est nécessaire de rappeler aussi pour mémoire la

(1) *Cours de pédagogie et de méthodologie*, par J. Aubert, directeur de l'école normale de Mons, p. 146, Mons, 1888.

(2) Voyez notre *Cours de pédagogie théorique et pratique*, p. 254.

vieille distinction des *modes* d'enseignement, modes individuel, simultané et mutuel, suivant que le maître s'adresse à un seul élève, ou à toute une classe, ou bien que, s'effaçant lui-même, il charge les élèves de s'instruire les uns les autres. Le mode simultané est évidemment le seul qui convienne, comme règle générale, dans l'enseignement public. Mais il ne faudrait pourtant pas proscrire absolument l'emploi accidentel et exceptionnel des deux autres systèmes. Il est nécessaire que le maître sache dans ses exposés, tout en parlant pour tous, s'adresser individuellement à chacun, et trouver à l'occasion des explications, des détails qui conviennent plus particulièrement aux aptitudes, aux goûts de tel ou tel de ses élèves. Les interrogations, d'ailleurs, sont toujours individuelles. D'autre part, dans les classes trop nombreuses qui sont encore confiées à la direction d'un seul maître, il peut être utile de faire appel parfois à l'enseignement mutuel.

Signalons enfin la distinction des *méthodes* et des *procédés* : les méthodes fixent les principes généraux qui président à l'enseignement, qui règlent l'ordre et la suite des études ; les procédés sont les moyens particuliers que l'on emploie dans l'application des méthodes. Ainsi, démontrer les vérités géométriques est une méthode, une méthode déductive ; les exposer au tableau noir et les faire répéter ensuite par les élèves, c'est un procédé.

**Observation et définition.** — C'est des méthodes que nous avons surtout à nous préoccuper ici. Comme nous l'avons dit, les méthodes pédagogiques ne sont, pour ainsi dire, que les méthodes scientifiques appliquées à l'enseignement. Nous y retrouverons donc les quatre opérations successives que la logique distingue dans la méthode des sciences : et d'abord l'observation et la définition.

L'observation, ou en d'autres termes l'intuition, est le commencement nécessaire de tout enseignement, comme de toute science. Certains pédagogues ont voulu faire de l'intuition une méthode spéciale, se suffisant à elle-même. Cela est aussi absurde que si l'on voulait, dans les sciences, tout réduire à la simple observation des faits. Ce qui est vrai, c'est que l'intuition est une partie de la méthode, un des éléments essentiels de tout enseignement vraiment rationnel et approprié aux aptitudes de l'enfant. On ne saurait trop multiplier, aux débuts de l'enseignement surtout, les perceptions directes qui assurent l'intuition claire et vivante des objets.

Mais ces observations particulières ne sont qu'un point de départ, une préparation. Elles ne serviraient de rien par elles-mêmes, si elles n'étaient les éléments de la généralisation, de ce travail intellectuel qui permet à l'esprit de dégager dans la diversité des choses individuelles les points communs, les ressemblances et les rapports, et par suite de concevoir des notions générales, qui trouvent leur formule dans des définitions bien faites.

C'est un art difficile que celui de la définition, en pédagogie comme dans les sciences. Il faut, selon les règles qu'on peut emprunter aux logiciens, que les définitions soient claires, qu'elles n'emploient que des mots déjà familiers ou intelligibles à l'élève ; qu'elles soient exactes, complètes.

Défions-nous de ces définitions verbales qui n'apprennent rien, qui ne sont que des tautologies*, et que les pédagogues belges ne s'interdisent pas assez, quand ils disent, par exemple : « Le jugement est la faculté de juger, le raisonnement est la faculté de raisonner (1). » Il est nécessaire que la définition, pour être autre chose qu'un verbiage inutile, détermine les éléments essentiels de l'idée qu'on définit : par exemple, le jugement est le fait d'affirmer le rapport de deux idées ; le raisonnement, le fait d'affirmer le rapport de deux jugements.

(1) Voyez M. Aubert, *op. cit.*, p. 107.

**Induction et déduction.** — L'observation ne porte que sur des faits particuliers, et la définition sur des idées générales. L'esprit humain serait bien limité s'il ne pouvait aller au delà des faits et des idées. C'est grâce au raisonnement qu'il étend son domaine et que, profitant soit des intuitions premières, soit des notions générales qui en dérivent, il peut, soit inductivement, soit déductivement, manier ces données élémentaires, et arriver, non plus seulement à des idées, mais à des vérités générales.

A ce point de vue, celui de l'ordre logique des vérités, il n'y a que deux manières de communiquer les connaissances, comme il n'y a que deux manières de les acquérir : l'induction et la déduction. Ou bien le maître prend pour point de départ les faits observés dans l'intuition et généralisés dans la définition, et, associant l'élève au travail de sa propre pensée, il s'élève à la loi qui domine ces faits : c'est l'application pédagogique de la méthode inductive. Ou bien il s'appuie sur des vérités générales ; et ces vérités générales peuvent être ou des principes de la raison, ou des propositions inductives ; et par déduction il passe de ces principes, de ces règles, de ces lois générales, aux applications, aux cas particuliers qui en découlent naturellement : c'est alors la méthode déductive.

Prenons des exemples. Il s'agit d'enseigner la grammaire : si l'on expose d'abord la règle, pour en chercher ensuite les applications, on déduit ; si au contraire on présente premièrement à l'enfant des exemples, des cas particuliers, pour lui suggérer ensuite l'idée de la règle, on induit. Le professeur de géométrie qui pose au début des axiomes, des définitions, et qui prouve que tel ou tel théorème en est la conséquence nécessaire, fait une démonstration ou, ce qui revient au même, une série de déductions. Le professeur de physique, qui fait appel à l'observation de ses élèves, qui expérimente devant eux, qui leur montre les corps qu'il s'agit de connaître, qui en analyse les éléments et qui en infère une loi générale, emploie tour à tour les divers procédés de l'induction. En histoire aussi, on déduit ou l'on induit, suivant que l'on prend pour point de départ, soit la définition de la féodalité, par exemple, soit les différents faits qui constituent la féodalité.

**Méthode inductive et déductive** — En fait, dans toutes les parties de l'enseignement, l'induction et la déduction interviennent tour à tour.

Ainsi, même en arithmétique, en géométrie, il est d'une bonne méthode de recourir d'abord à des procédés inductifs, au calcul expérimental, à l'observation sensible des formes géométriques. De même, dans les sciences physiques, la déduction joue aussi un rôle: quand une loi générale a été inductivement établie, on en déduit les conséquences.

Il n'en est pas moins vrai que l'induction prédomine dans les sciences dites d'observation, dans la physique, les sciences naturelles; la déduction, au contraire, dans les sciences abstraites ou exactes.

Aussi les logiciens distinguent-ils souvent ces sciences les unes des autres, en appelant les premières des sciences inductives, les autres des sciences déductives. De même, en pédagogie, nous appellerons méthode inductive celle qui le plus souvent fait appel à l'induction ; méthode déductive, au contraire, celle où le premier rôle appartient à la déduction.

**Analyse et synthèse.** — Quand on a distingué dans les méthodes d'enseignement la méthode inductive et la méthode déductive, on a tout dit sur ce point, et il est bien inutile après cela de recourir à d'autres grands mots, trop en honneur dans certaines écoles de pédagogie, par exemple, à l'analyse et à la synthèse.

Il y aurait, au dire de certains pédagogues, une méthode analytique, et une méthode synthétique. La meilleure preuve que ces expressions devraient être bannies de la pédagogie, c'est que les pédagogues ne s'entendent pas sur le sens qu'il convient de leur attribuer; les uns appellent synthétique ce que les autres appellent analytique, et réciproquement. Ainsi M. Horner*, pédagogue suisse, déclare que « la démonstration a pour synonyme la déduction et l'analyse, que la voie inventive se confond souvent avec l'induction et la synthèse ». Tout au contraire, un pédagogue français, M. Charbonneau*, dont l'ouvrage a été longtemps classique, affirme, et l'usage général lui donne raison, que la méthode démonstrative est aussi nommée synthétique, tandis que l'invention (ou l'induction) est appelée analytique.

A vrai dire, l'analyse est à la fois une opération inductive et déductive. En premier lieu, l'analyse consiste à séparer les éléments d'une substance concrète : par exemple, quand on décompose l'eau. Dans ce cas, l'analyse se rattache directement aux opérations expérimentales et inductives. Mais il y a aussi une analyse abstraite, purement mentale, et qui consiste à distinguer les éléments divers d'une idée générale. Dans ce cas, l'analyse est un aspect particulier, une phase de la méthode déductive.

Nous ne parlerons pas de la synthèse, dont le sens est encore plus compliqué, plus confus; et nous conclurons qu'il n'y a au fond que deux méthodes essentielles, l'induction et la déduction.

**La méthode de Descartes.** — Il s'en faut que nous ayons étudié toutes les questions que soulève le problème de la méthode. Ce qu'il faut avant tout se rappeler, c'est que, comme le disait Descartes, le principal n'est pas d'avoir l'esprit bon, mais de l'appliquer bien. Mieux vaudrait en un sens une mauvaise méthode, un ordre quelconque, que pas de méthode du tout.

« Ceux qui ne marchent que fort lentement, dit l'auteur du *Discours de la méthode*, peuvent avancer davantage, s'ils suivent toujours le droit chemin, que ne font ceux qui courent et qui s'en éloignent. » Et bien que les règles de Descartes aient été exclusivement établies en vue de la recherche scientifique, la pédagogie peut en faire son profit. Ces règles sont, on le sait, au nombre de quatre, et se résument ainsi : 1° n'accepter pour vrai que ce qui est évident, éviter soigneusement la précipitation et la prévention dans nos jugements ; 2° diviser les difficultés, afin de les mieux résoudre, ce qui revient à dire qu'il faut user de l'analyse ; 3° conduire avec ordre ses pensées, en commençant par les objets les plus simples et les plus aisés à connaître, pour arriver peu à peu, comme par degrés, jusqu'à la connaissance des plus composés et des plus difficiles, ce qui tend à placer les intuitions, les observations particulières avant les règles abstraites et générales ; 4° enfin, faire des dénombrements complets, de façon à ne rien omettre.

## RÉSUMÉ.

76. La **méthode** en général est l'**ordre** et la **suite** qu'on met volontairement dans ses pensées et dans ses actions ; elle suppose un **but** nettement conçu et des **moyens** sûrement calculés.

77. Il y a autant de méthodes que d'entreprises et d'œuvres humaines. Les **méthodes particulières** sont un ensemble de **règles**, de **procédés** raisonnés, appropriés à un but donné.

78. Dire que la méthode est **utile** et **nécessaire**, c'est dire seulement qu'on préfère l'ordre, la réflexion, à l'étourderie et à la légèreté.

79. Il y a profit à **étudier les méthodes** consacrées par l'expérience : car, pour les suivre, il faut les connaître.

80. L'étude des méthodes n'est d'ailleurs utile que si, par la **réflexion** et par la **pratique**, on se les est appropriées, si on les a faites siennes.

81. La **méthode scientifique** étudiée par la logique comprend quatre opérations successives : l'**observation**, la **définition** ou généralisation, l'**induction**, la **déduction**.

82. La **méthode pédagogique** n'est guère que l'application à l'enseignement des règles de la méthode scientifique. Tant qu'a duré dans les sciences le règne de la déduction et du syllogisme, les méthodes formalistes, mécaniques, déductives ont dominé en pédagogie.

83. La méthode d'enseignement doit **varier** avec la **nature** des connaissances, avec l'**âge** des écoliers, avec le **but** de chaque degré d'instruction ; elle doit être **commode pour l'élève** plus que pour le maître.

84. On appelle **méthodologie** la science des méthodes d'enseignement : il y a une méthodologie **générale** et une méthodologie **particulière**.

85. La **méthodologie générale** traite des méthodes essentielles qui se retrouvent dans toutes les parties de l'enseignement. Les **méthodes**, qui règlent l'ordre logique des vérités enseignées, diffèrent d'ailleurs des **formes** de l'enseignement, lequel est expositif ou interrogatif, des **modes** qui sont simultané, individuel ou mutuel, enfin des **procédés**, qui ne sont que les détails d'application des méthodes générales.

86. Les **méthodes pédagogiques**, comme les méthodes logiques, supposent quatre opérations distinctes : d'abord l'**observation** ou l'intuition des faits particuliers ; ensuite la **généralisation** des idées que la définition formule et explique.

87. Les deux autres opérations de la méthode sont l'**induction** et la **déduction**: l'**induction** qui s'élève des faits, observés ou généralisés, à des vérités générales, à des lois; la **déduction** qui descend des règles, des lois, des principes, aux cas particuliers.

88. L'**induction** et la **déduction** jouent un rôle dans toutes les parties de l'enseignement : mais l'induction prédomine dans l'étude des sciences physiques et naturelles; la déduction dans l'étude des sciences abstraites.

89. La méthode est dite **inductive** ou **déductive**, selon qu'elle emploie plus fréquemment l'induction ou la déduction.

90. L'**analyse** n'est qu'un des éléments, soit de la méthode inductive, soit de la méthode déductive.

## AUTEURS A CONSULTER.

LOGIQUE DE PORT-ROYAL, *Discours préliminaire.* — DESCARTES, *Discours de la méthode.* — ALEXANDRE BAIN, *Logique inductive et déductive*, traduction française, Paris, 1875.

# LEÇON VIII

## MÉTHODES D'ENSEIGNEMENT. — ÉTUDE PARTICULIÈRE DES PROCÉDÉS APPLICABLES A CHACUNE DES PARTIES DU PROGRAMME.

Méthodes d'enseignement. — Principes généraux. — Part du maître et part de l'élève. — L'intuition. — Matériel scolaire. — Le tableau noir. — Le boulier compteur. — Les images, les cartes géographiques. — L'intuition dans l'enseignement des sciences physiques. — Règles générales de l'intuition. — Les exercices mécaniques. — La lecture et l'écriture. — L'orthographe et les dictées. — La récitation. — Le rôle du livre.

**Méthodes d'enseignement.** — Il y a deux manières d'étudier les méthodes d'enseignement et ce que le texte officiel appelle « les procédés applicables à chacune des parties du programme ».

Ou bien l'on prend l'une après l'autre les différentes parties du programme, et l'on recherche comment chacune d'elles doit être enseignée : on consacre des chapitres particuliers à la lecture, à l'écriture, à la grammaire, à l'histoire, à la morale, etc. ; c'est le plan que nous avons suivi dans notre *Cours de pédagogie théorique et pratique* (1). Nous n'y reviendrons pas.

Ou bien, et c'est le plan que nous allons suivre, on élimine les différences qui résultent des particularités propres à chaque étude ; on généralise, on examine *in abstracto* les méthodes qu'on retrouve dans toutes les parties de l'enseignement. Quelle que soit, en effet, la nature de l'objet à étudier, il faut toujours en revenir à l'un ou à l'autre des procédés élé-

(1) Voyez notre *Cours de pédagogie*, 2e partie.

mentaires, qui se modifient sans doute avec la diversité des connaissances à transmettre, mais qui, au fond, sont toujours les mêmes : l'intuition sensible, les exercices mécaniques, la récitation, l'étude des livres, la leçon didactique, les interrogations, enfin les devoirs de l'élève, les exercices de composition, d'invention personnelle. Ce sont là, pour ainsi parler, les *éléments méthodiques* de tout enseignement, qu'il convient d'examiner l'un après l'autre.

**Principes généraux.** — Les pédagogues belges suivent une autre voie; ils énumèrent, dans des listes qui n'en finissent pas, les principes fondamentaux d'une bonne méthode. Voici, par exemple, le catalogue dressé par M. Aubert, directeur de l'école normale de Mons (1). M. Aubert distingue d'abord six catégories de principes, suivant qu'ils sont particulièrement relatifs : 1° à l'instituteur; 2° aux élèves; 3° à l'instituteur et aux élèves à la fois; 4° au fond de l'enseignement; 5° à l'exposition de la leçon; 6° à la marche des études. Chacune de ces catégories comprendrait elle-même divers principes : 1° la nécessité de la vocation, de la préparation pour l'instituteur; 2° la nécessité de l'attention, de l'exercice réel de l'intelligence, du rôle actif de l'élève, des efforts personnels de l'élève; 3° la nécessité de la modération dans le travail imposé, d'une juste répartition des soins du maître à tous les élèves, d'un bon classement des élèves, du choix judicieux de la place de chaque élève; 4° la nécessité de l'utilité de la matière, de l'attrait de la matière; 5° la nécessité de l'intuition, de l'animation; 6° la nécessité d'une bonne coordination, la nécessité des études par cours concentriques, la nécessité d'une marche progressive et lente, soit en tout dix-sept principes, dont aucun assurément n'est indigne d'arrêter un instant l'attention.

Il est pourtant facile de réduire cette longue liste, et

(1) M. Aubert, *op. cit.*, Mons, 1888.

de condenser en quelques règles essentielles les principes qui doivent guider l'instituteur.

D'abord, il est bien inutile de parler de vocation : nous ne nous adressons qu'à des instituteurs capables, et nous n'avons pas de conseils à donner pour ceux qui ne possèdent pas les qualités nécessaires à l'enseignement. D'autre part, il n'y a pas à examiner l'utilité des matières enseignées : c'est le programme qui les détermine, et en le faisant il s'est évidemment inspiré des considérations d'utilité. La place à assigner aux élèves, leur classement, ne sont pas des principes d'enseignement, ce sont tout au plus des règles d'organisation matérielle des classes. De même la distribution des études par cours concentriques n'est qu'un procédé afférent à la plupart des enseignements, à celui de l'histoire. par exemple. L'attention, l'exercice réel de l'intelligence, le rôle actif de l'élève, ses efforts personnels, ne constituent, à vrai dire, qu'un seul principe : celui qui veut que l'élève participe au travail de la classe, que le maître ne soit pas seul à agir devant des auditeurs inertes et passifs. On voit donc, sans qu'il soit nécessaire d'insister, que l'analyse faite par les pédagogues belges est défectueuse, soit parce qu'elle multiplie trop les distinctions subtiles, soit parce qu'elle rattache à l'enseignement des procédés matériels qui ne se rapportent pas directement à l'enseignement lui-même.

Nous pouvons donc nous en tenir à l'analyse que nous avons donnée plus haut, et qui comprend toutes les parties essentielles des méthodes d'enseignement.

**Part du maître et part de l'élève.** — Il y a assurément, dans tout enseignement, la part de l'élève et la part du maître. Mais quelle que soit la nécessité de faire de plus en plus grande la part de l'élève, afin d'exercer son activité intellectuelle, — ce qui est le grand but, — la part du maître est toujours prépondérante. Même quand il n'intervient pas directement par des explications verbales, par des leçons en forme, c'est lui qui règle le travail de l'enfant, qui choisit les objets matériels à observer, les textes à réciter, qui trace devant les élèves au tableau noir le modèle des lettres à écrire, qui enfin en toutes choses sert de guide et d'inspirateur.

Mais, d'autre part, l'élève ne doit jamais rester inactif. Même quand l'instituteur parle et paraît agir seul, par exemple, dans une exposition un peu prolongée, l'élève intervient et participe au travail du maître par son attention constante, par les notes qu'il écrit, par son effort pour suivre et pour comprendre la leçon qu'il entend.

L'enseignement ne peut être profitable qu'à la condition d'être une collaboration incessante, où l'action du maître ne vaut que si elle excite l'action correspondante de l'élève. « Faire agir, a-t-on dit justement, reste le grand précepte de l'enseignement : autant vaut dire le précepte unique : car il contient en germe tous les autres. »

**L'intuition.** — Il y eut un temps où les méthodes d'enseignement et d'étude se réduisaient pour le maître à dicter, pour l'élève à apprendre par cœur. L'apparition du livre fut un premier progrès ; car le livre, quoiqu'on puisse en faire un mauvais usage, si l'on n'y cherche que des mots et un exercice de mémoire littérale, le livre expliqué en classe, ou lu à tête reposée par l'élève, est un excellent instrument de réflexion, de critique personnelle, de méditation féconde. Mais la pédagogie moderne a trouvé autre chose que le livre : elle a mis l'esprit de l'enfant, sans intermédiaire, face à face avec les objets réels; elle a cherché dans l'intuition immédiate et directe des choses le point de départ de toute culture intellectuelle. Le livre, c'est la pensée d'autrui ; la leçon du maître, c'est encore la pensée d'autrui. L'intuition, c'est la pensée personnelle de l'élève, excitée et provoquée par la vue, par le maniement des objets à connaître et à étudier.

L'intuition est donc un des éléments essentiels

de toute méthode d'enseignement. C'est elle qui est la meilleure initiation à l'étude de la langue : car il n'est plus admissible qu'on apprenne des mots à l'enfant, tout au moins dans les premières années de la vie, sans lui présenter les choses que ces mots désignent. Et même à l'âge où l'écolier est à peu près en possession de sa langue maternelle, l'intuition doit intervenir encore pour concourir à l'acquisition des connaissances scientifiques, pour faciliter l'étude de l'histoire, de la géographie. Il n'est guère de partie du programme où l'on ne puisse utilement faire appel aux procédés intuitifs.

« Ne dites pas à vos élèves, écrit un pédagogue belge, ne dites pas que la girollée a quatre pétales et cinq étamines sans le leur faire voir. Ne leur dites pas que l'oseille est aigre sans leur en faire goûter la feuille. Ne leur parlez pas de la composition de l'air, sans préparer sous leurs yeux l'oxygène, l'azote, l'acide carbonique. Ne décrivez pas le costume des anciens Belges sans un tableau qui le représente. Enseignez la géographie avec des sphères, des cartes et des gravures. Parlez des qualités et des défauts de caractère, à propos de la conduite des enfants et à la suite de récits apportant des faits qu'ils puissent comprendre (1). »

L'intuition, d'ailleurs, ne consiste pas seulement à faire passer sous les yeux de l'enfant des objets naturels : elle peut avoir recours, pour organiser l'enseignement par les sens, à des moyens artificiels, à des figures, à des représentations, à des images.

**Matériel scolaire.** — Si l'enseignement n'était qu'un commerce intellectuel entre l'esprit du maître et l'esprit de l'élève, il suffirait, pour que l'écolier fût équipé et l'appareil scolaire au complet, qu'on mît entre les mains de l'élève de quoi écrire et prendre des notes. Mais la parole du maître n'est pas tout. Il faut qu'elle s'aide d'instruments matériels, et qu'elle mette en œuvre, pour ainsi dire, certains outils scolaires, qui tous tendent au même but et sont des auxiliaires de

(1) M. J. Aubert, *op. cit.*, p. 170.

l'intuition. De ce nombre sont le tableau noir, le boulier compteur.

**Le tableau noir.** — Les meilleures écoles autrefois étaient celles où l'on dépensait le plus d'encre et le plus de papier. Les meilleures écoles aujourd'hui sont celles où instituteurs et élèves usent le plus de craie et recourent le plus souvent au tableau noir. Dans les classes américaines, le pourtour de la salle est transformé en un vaste tableau noir, où plusieurs élèves peuvent travailler simultanément. Tout au moins est-il nécessaire qu'il y ait dans chacune des salles d'une école un tableau noir, bien en évidence, où le maître traduise ses leçons d'une façon sensible aux yeux, non seulement dans l'enseignement du calcul, mais dans les exercices de lecture, d'écriture, dans l'étude de la grammaire, en un mot dans presque toutes les parties de l'enseignement.

M. Gréard rappelle dans un de ses mémoires qu'en l'an IX (1800), dans un rapport adressé au préfet de la Seine, le citoyen Zolver signalait comme une merveille le tableau noir qu'il avait trouvé dans une école. De même, jusqu'en 1867, on ne plaçait les cartes murales que dans les classes supérieures :

« Comme si, ajoute M. Gréard, indispensables à tous les degrés, ces appareils n'étaient pas plus particulièrement utiles dans les classes où, pour attirer l'intelligence de l'enfant, il faut commencer par frapper ses yeux ! Dans les matières qui comportent une description, toute leçon qui peut aboutir à une démonstration palpable, et qu'on ne conduit pas jusque-là, est incomplète et insuffisante : dans les matières plus abstraites, calcul, orthographe, histoire, le tableau qui, sous la parole du maître, rallie tous les regards, appelle, soutient, excite l'attention, devient le stimulant le plus sûr tout à la fois de l'effort individuel et de l'activité commune (1). »

**Le boulier compteur.** — Dans l'étude de l'arithmétique, au début tout au moins, les procédés intuitifs peuvent être d'un grand secours, soit qu'on présente

(1) M. Gréard, *Éducation et instruction (Enseignement primaire)*, p. 79.

aux yeux de l'élève des points, des lignes figurés au tableau noir; soit qu'on place dans les mains de l'enfant les objets eux-mêmes; soit enfin qu'on se serve d'appareils artificiels comme les bouliers compteurs, qui sont en usage dans les écoles maternelles pour initier les petits enfants à la première pratique du calcul. Mais, bien entendu, le calcul intuitif n'est qu'une préparation au calcul mental, et l'intuition concrète doit le plus tôt possible faire place à l'abstraction et au raisonnement.

**Les images, les cartes géographiques.** — Les images jouent de plus en plus un grand rôle dans l'enseignement; elles constituent, pour ainsi dire, une intuition du second degré. En histoire notamment, rien de plus utile et de plus intéressant que les images qui représentent les hommes célèbres, les monuments, les faits les plus importants.

En géographie, il n'est pas possible de se passer de cartes murales, ou tout au moins d'atlas; sans compter que pour l'initiation aux premières notions géographiques on peut recourir à l'intuition directe des accidents du terrain, de la structure du sol.

« C'est par les yeux que doit s'enseigner la géographie, dit un maître en ces matières. Volontiers même nous en ferions, pour parler à l'américaine, une *leçon de lieux*, qui n'aurait ni moins d'utilité ni moins d'intérêt qu'une *leçon de choses* (1). »

**L'intuition dans l'enseignement des sciences physiques.** — Dans le domaine des sciences de la nature, les procédés intuitifs trouvent mille occasions de s'appliquer. Et à vrai dire, à l'école primaire, l'enseignement des sciences physiques et naturelles doit être presque exclusivement une série d'expériences. Ces expériences seront d'abord des expériences de laboratoire, celles qui exigent l'emploi des instruments de physique. Mais il faut aussi faire

(1) Voyez la *Revue pédagogique* du 15 avril et du 15 juin 1885, *Étude et enseignement de la géographie en France*, par M. J.-B. Paquier.

appel aux expériences moins coûteuses, moins difficiles, que la nature réalise tous les jours sous nos yeux : un cuvier plein, trouvé le matin rompu par l'effet de la gelée ; une fenêtre, qui hier se fermait librement, et qui aujourd'hui résiste par suite de l'humidité ; un ruisseau courbant sur son passage le brin d'osier planté dans son lit ; l'air (le vent) abaissant la tige des blés ou la cime des grands arbres ; la résistance opposée par l'eau à une baguette qu'on y promène, etc. (1).

Il s'en faut que nous ayons énuméré tous les procédés accessoires qui se rattachent à l'intuition. Les collections de solides géométriques, les appareils du système métrique, les musées scolaires, les jardins botaniques, sont aussi les auxiliaires indispensables des leçons de choses et de la méthode intuitive.

**Règles générales de l'intuition.** — On ne saurait donc méconnaître la grande importance de l'intuition directe ou indirecte dans l'enseignement. Mais il faut pourtant prendre garde de ne pas abuser de cette méthode nouvelle, qui n'est profitable que si l'on sait en user avec discrétion et avec précaution. Nous connaissons des enfants qui, ayant beaucoup vu, ont sans doute beaucoup retenu, mais dont on a fatigué l'esprit et embrouillé l'imagination, en leur montrant trop de choses. Il peut y avoir des excès d'intuition, comme il y a eu des excès de récitation. Prenons garde que l'esprit de l'enfant, qu'on accable de leçons de choses, dont on promène le regard à travers des milliers d'images, ne sorte de ces exercices épuisé et courbaturé, comme l'est notre imagination quand nous avons voulu, en un seul jour, visiter, par exemple, tous les coins et recoins d'une vaste exposition.

Discrète et mesurée, l'intuition doit aussi être méthodique et ordonnée. Les leçons de choses ne seraient qu'un chaos, où l'esprit se perdrait, si elles allaient à l'aventure dans le vaste champ qui leur est ouvert.

(1) Voyez, dans la *Revue pédagogique* du 15 février 1888, l'article de M. Blanc *L'Enseignement scientifique à l'école primaire.*

« Rien de plus inutile, dit un pédagogue américain, et l'on peut ajouter rien de plus dangereux, que des leçons de choses faites sans suite et sans ordre. »

N'oublions pas d'ailleurs que l'intuition, quoiqu'elle consiste essentiellement à mettre l'enfant face à face avec les choses, à laisser pour ainsi dire l'élève seul en présence des objets, l'intuition ne se sépare pas en fait de certains autres procédés d'instruction. Le maître y a son rôle, non seulement par le choix qu'il fait des objets à placer successivement sous les yeux de l'enfant, mais aussi par les explications qu'il donne, non sous forme d'exposé et de leçon didactique, mais en causant, en intervenant à propos, et encore par les réflexions qu'il provoque en questionnant l'élève. Dans les leçons de choses, dit M. Herbert Spencer, c'est l'enfant surtout qui doit parler : « il faut que le maître l'encourage à dire le plus qu'il peut sur chaque objet qu'il lui montre ». Mais pour que l'enfant parle, il faut évidemment que le maître lui donne l'exemple. Et par suite l'intuition suppose, non seulement des collections complètes et bien ordonnées, des musées et des instruments, mais aussi un maître habile, précis dans son langage, sachant associer à l'intuition les autres procédés de l'enseignement.

**Les exercices mécaniques.** — On a beau vouloir proscrire le plus possible de l'école les exercices mécaniques, demander que l'enseignement soit vie et action intelligente : la nature humaine ne comporte pas une tension continue des facultés actives et réfléchies. Suivant le mot profond de Pascal, « nous sommes automate autant qu'esprit ». Et le grand penseur ajoutait : « Combien y a-t-il peu de choses démontrées !... La coutume fait les preuves plus justes et plus crues...; avoir toujours les preuves présentes de la vérité, c'est trop d'affaire... ; il faut faire croire l'automate par la coutume (1). »

(1) Pascal, *Pensées*, édition Havet. p. 158.

Ces maximes s'appliquent à l'enseignement. Cherchons sans doute à y répandre à flots la lumière et l'intelligence; mais ne nous flattons pas qu'on puisse instruire sérieusement l'enfant, sans faire appel à la puissance automatique de l'habitude ou de la coutume, sans recourir aux exercices mécaniques.

**La lecture et l'écriture.** — Il y a d'ailleurs des parties de l'enseignement qui supposent nécessairement la répétition prolongée de certains actes mécaniques, dans lesquels l'intelligence joue un moindre rôle que la mémoire et l'habitude. Nous n'avons pas à revenir ici sur les divers procédés en usage pour apprendre à lire et à écrire. Mais il est bien évident que quelque effort qu'on fasse pour faciliter l'apprentissage de l'enfant, en unissant l'écriture à la lecture, en associant le dessin à l'écriture, on ne parviendra jamais à supprimer dans cette partie de l'enseignement ce qu'il comporte nécessairement de routine mécanique. Ici, plus qu'ailleurs encore, il faut que l'enfant revienne sans cesse sur les mêmes opérations, que pour ainsi dire il repasse incessamment sur les mêmes traces.

**L'orthographe et les dictées.** — Dans l'enseignement de la langue, on doit compter sans doute sur les exercices de lecture, sur les exercices oraux et écrits, qui donnent en même temps à l'enfant l'occasion de développer son intelligence; mais il n'est pourtant pas possible de rompre entièrement avec les récitations littérales et avec les dictées orthographiques, c'est-à-dire avec les procédés où la mémoire et l'habitude font plus que le jugement et le raisonnement.

**La récitation.** — Dans toutes les branches du programme, il y a, nous l'avons dit, des choses à apprendre par cœur (1). Et quoiqu'il faille suivre strictement la règle qui veut qu'on n'apprenne par cœur

(1) Voyez plus haut, leçon V : *Culture de la mémoire et de l'imagination.*

que ce qui a été préalablement expliqué et compris, la récitation littérale n'en reste pas moins en elle-même un exercice purement mécanique de la mémoire. On n'apprend un texte quelconque qu'à la condition de répéter plusieurs fois machinalement les mots qui le composent.

Et cependant il n'y a pas, dans l'instruction à tous les degrés, d'exercice plus important que la récitation. Je ne parle pas seulement des règles, des formules, qu'on ne sait bien qu'à condition de les avoir retenues mot pour mot. Je parle aussi de la récitation littéraire, qui est trop peu pratiquée dans nos écoles, et qui cependant est le meilleur moyen de rectifier, d'épurer le langage des élèves, en même temps qu'elle meuble leur esprit de beaux sentiments et de grandes pensées.

« De ce qu'il s'est trouvé des enfants récitant, récitant... grammaire, histoire, géographie, sans comprendre, on a crié *haro* sur la mémoire et haro sur les livres : tout par l'intuition, par le jugement et la raison. . Si j'osais donner à ma pensée une forme aphoristique, je dirais à tous, petits et grands : Comprenez, puis retenez par cœur tout ce que vous pourrez (1). »

**Le rôle du livre.** — S'il est reconnu comme nécessaire, dans l'enseignement moderne, de faire parler les choses avant de donner la parole au maître, d'entourer l'enfant de réalités concrètes, ou tout au moins d'images qui, en frappant les yeux, provoquent des intuitions indirectes, il n'en est pas moins indispensable de maintenir la méthode de l'enseignement par le livre. Le livre reste pour l'élève l'instrument par excellence, et nous ne saurions donner les mains au préjugé qui, par réaction contre l'éducation « livresque », va jusqu'à proscrire ou tout au moins décrie l'usage du livre. Il ne faut pas oublier que le but de l'enseignement primaire, après tout, c'est d'inspirer aux

(1) *Manuel de l'enseignement primaire*, par E. Rendu, nouvelle édition, Hachette, 1881, p. 252.

enfants du peuple le goût de la lecture. Ce serait un étrange moyen de poursuivre ce but que de commencer par supprimer tous les livres dans l'école.

Mais les livres ne sont pas seulement les futurs outils de l'éducation personnelle, de l'instruction progressive qui se prolonge toute la vie, outils qu'il faut apprendre à manier de bonne heure, si l'on veut prendre l'habitude de s'en servir utilement : les livres apportent un précieux concours à l'instruction scolaire elle-même, et nous ne voyons pas le moyen de s'en passer, si l'on veut fixer dans l'esprit des connaissances précises et durables. A côté des livres de la bibliothèque scolaire qui fourniront des lectures récréatives ou instructives, qui étendront l'esprit, qui ouvriront des horizons, il y aura aussi entre les mains de l'élève des livres de classe, qui, sous des formes diverses, manuels, précis d'histoire, traités élémentaires de grammaire, etc., serviront de *memento*, compléteront et préciseront l'enseignement oral du maître. Dans l'œuvre complexe de l'instruction, il ne faut pas avoir de parti pris, ni de méthode exclusive : tout doit y concourir, les intuitions personnelles de l'élève, les leçons du maître, les appareils et les instruments, mais aussi le livre qui, lu avec attention, avec un peu d'esprit critique, est encore le meilleur instrument de la libération de l'esprit et du développement des connaissances.


## RÉSUMÉ.

91. On peut traiter des **méthodes d'enseignement** de deux manières : ou bien en examinant tour à tour, dans ses procédés particuliers, **chaque partie du programme**, ou bien en distinguant et en étudiant l'un après l'autre les **procédés essentiels** applicables à tout enseignement.

92. Ces procédés essentiels, qui pourraient être appelés les **éléments des méthodes**, sont : l'intuition, les exercices mécaniques, la récitation, l'étude des livres, la leçon didactique, les interrogations, enfin les devoirs écrits de l'élève, les exercices d'invention et de composition.

93. Les pédagogues belges ont dressé de longues listes des **procédés fondamentaux de la méthode d'enseignement.** Ils distinguent, par exemple, les principes relatifs à l'instituteur, aux élèves, à l'instituteur et aux élèves à la fois, au fond de l'enseignement, à l'extérieur de la leçon, à la marche des études.

94. Le principe général de tout enseignement, c'est qu'il doit être une **collaboration incessante** de l'élève et du maître; l'action du maître ne vaut que si elle provoque l'action correspondante de l'élève.

95. **L'intuition** est un élément essentiel de toute méthode d'enseignement; elle substitue à l'étude des mots la **présentation directe des choses.**

96. Les **procédés intuitifs** ne consistent pas seulement à montrer les objets, tels que nous les offre la nature : ils ont recours à des appareils, à des instruments qui facilitent l'intuition.

97. Le **matériel scolaire** a une grande importance dans l'enseignement moderne : il comprend le **tableau noir**, dont on doit user dans toutes les parties de l'enseignement, et aussi certains appareils propres à l'enseignement de telle ou telle branche du programme, les **bouliers comp-**

**teurs**, les **images**, les **cartes géographiques**, les **instruments de physique**, les **jardins botaniques**, etc.

98. L'enseignement intuitif doit être mesuré, discret, **méthodique** et ordonné; il suppose en outre l'**intervention constante du maître**, qui, par ses explications et par ses interrogations, excite et guide l'intelligence de l'élève.

99. L'enseignement ne saurait être une action constante de l'intelligence et de la réflexion : il suppose des **exercices mécaniques**, l'enfant étant « automate autant qu'esprit » : notamment dans l'apprentissage de la lecture et de l'écriture, et aussi dans les exercices orthographiques, dans les dictées.

100. La **récitation** est encore un exercice mécanique; il faut apprendre par cœur tout ce qu'on peut, à condition de l'avoir bien compris préalablement.

101. Les **livres** jouent un grand rôle dans l'enseignement, soit comme mémentos destinés à compléter et à fixer l'enseignement oral du maître, soit comme textes de lectures récréatives et instructives, qui étendent les connaissances et qui affranchissent l'esprit.

### AUTEURS A CONSULTER.

M. Bain, *La Science de l'éducation*, livre II : *Les méthodes*. — M. Eugène Rendu, *Manuel de l'enseignement primaire*, 3e partie : *Enseignement*, conférences pédagogiques faites à la Sorbonne, 1878. — M. Vessiot, *De l'enseignement à l'école*, Paris, 1885.

# LEÇON IX

## MÉTHODES D'ENSEIGNEMENT. — L'EXPOSITION ORALE ET LES INTERROGATIONS.

Le rôle du maître. — Nécessité de la leçon. — Règles de l'exposition orale. — La rhétorique et l'enseignement. — Préparation des leçons. — Excès à éviter. — Préparation de la classe. — Le procédé interrogatif. — La méthode socratique. — Limites de la méthode socratique. — L'interrogation dans son sens ordinaire. — Diverses sortes d'interrogation. — Conseils sur les interrogations.

**Le rôle du maître.** — Dans l'application des procédés intuitifs, ou dans la surveillance des exercices mécaniques dont nous venons de parler, le maître n'est qu'un guide, un excitateur de l'intelligence. Il n'intervient qu'indirectement, pour régler le travail des élèves, pour provoquer leurs réflexions. Mais le maître a un autre rôle à remplir, plus actif en apparence et non moins important : il doit, à certaines heures tout au moins et pour quelques-unes des matières du programme, présenter lui-même aux enfants, sous une forme simple, claire, animée et autant que possible agréable, les connaissances qui constituent l'instruction élémentaire. La leçon, qui n'était autrefois en usage que dans l'enseignement supérieur ou secondaire, a désormais droit de cité dans l'enseignement primaire. L'exposition orale, l'exposition didactique est un des moyens les plus puissants dont dispose l'instituteur pour enseigner à des élèves attentifs ce qu'ils doivent apprendre. Sans doute, le livre lui-même est une exposition d'idées et de faits. Mais la leçon présente tous les avantages qu'aura toujours sur le texte froid et immobile du livre la parole vivante, souple, d'un maître qui lit dans ces yeux de ses auditeurs le degré d'attention et d'intérêt dont ils font preuve, qui se proportionne et s'adapte à son auditoire, qui tantôt accélère, tantôt ralentit le mouvement, qui se répète, s'il n'est pas compris, qui enfin trouve dans l'animation de son discours des accents plus persuasifs pour remuer l'esprit et le cœur des enfants.

**Nécessité de la leçon.** — Longtemps l'enseignement primaire s'est passé de leçons didactiques. Dans les écoles des Frères, le règlement interdit presque la parole au maître. Fénelon, dans son *Éducation des filles*, demandait qu'on fît aux élèves « le moins de leçon en forme qu'il se pourra » ; et Rousseau, allant plus loin encore, disait : « Ne donnez à vos élèves aucune espèce de leçons verbales. » Il est à peine nécessaire aujourd'hui de protester contre ces préjugés d'un autre âge, ou contre le paradoxe de Rousseau. On s'est si bien convaincu de l'utilité de la leçon qu'on en est venu à l'exagérer, et que s'il y avait un reproche à adresser parfois à quelques-uns de nos maîtres d'école, ce serait d'abuser de l'exposition orale. Il ne faut pas que l'école devienne une salle de conférence où le maître parle seul : elle doit rester une classe, où toute sorte d'exercices alternent avec les cours professés par le maître.

Mais, cela dit, il n'en est pas moins certain que l'instituteur doit fréquemment recourir à l'exposition orale. Il ne saurait être question, comme le proposent certains pédagogues, de faire découvrir à l'enfant, soit en lui montrant les objets, soit par l'emploi de la méthode socratique, tout ce qu'il a besoin de savoir.

Il est souvent nécessaire, au lieu de lui faire chercher la vérité par de longs détours, de lui présenter, de lui donner, pour ainsi dire, la vérité toute faite. Il y a un échange direct possible entre l'esprit du maître et l'esprit de l'élève. Les procédés intuitifs ne sont qu'un moyen de préparer le terrain, afin qu'on puisse y semer ensuite les connaissances de tout ordre. Une fois qu'on a su éveiller l'attention, exciter l'intelligence, il serait maladroit de retenir l'enfant dans la voie trop lente de la découverte personnelle; il faut que les instituteurs, sans hésitation, fassent passer ce qu'ils savent de leur esprit dans le sien.

**Règles de l'exposition orale.** — Cet enseignement didactique exige d'ailleurs de grandes précautions. D'abord il faut considérer qu'il n'est véritablement à sa place que dans certaines matières du programme : l'histoire, la géographie, la morale, l'instruction civique, les notions élémentaires des sciences physiques et naturelles. Ni la grammaire, ni les sciences mathématiques ne comportent guère à l'école primaire de leçons didactiques suivies. Mais les faits historiques ou scientifiques, les idées morales, se prêtent aisément à des exposés, qu'il faudra toujours proportionner d'ailleurs à la force d'attention et au degré d'intelligence dont les petits écoliers sont capables.

La simplicité, la brièveté, l'animation, voilà les qualités que nous recommanderons surtout au professeur primaire. Pas de grands mots pédantesques, ni de vaines prétentions oratoires : mais de la familiarité, du naturel, de la clarté par-dessus tout. Quoiqu'il parle *ex cathedra* *, le maître doit savoir condescendre aux allures de l'intelligence enfantine, se faire petit pour les petits, prendre le ton de la causerie, plutôt que celui du discours, ne retenir de tout ce qu'il sait que l'essentiel, ce qui est le plus aisément intelligible et assimilable, enfin, dans le fond comme dans la forme, par l'ordre rigoureux et l'enchaînement des idées, par le choix des expressions, se mettre à la portée de son jeune auditoire.

Ce qui n'importe pas moins, c'est que les leçons soient courtes. Ne laissons pas l'exposé dégénérer en conférence, en discours interminable. Il arrive qu'un maître disert se grise de sa parole : il n'est plus apte à juger de l'état d'esprit de ses élèves ; il va toujours de l'avant, sans se douter qu'on ne le suit plus ; il parle longtemps après qu'on a cessé de l'écouter. L'attention des enfants ne se prolonge guère au delà d'une quinzaine de minutes.

Pour retenir l'attention, il ne suffira pas d'être simple : il faudra aussi être vif, animé.

Rien d'inutile comme ces leçons monotones et languissantes, qu'un maître débite froidement et sans entrain. C'est l'animation de l'instituteur qui seule peut provoquer l'animation des élèves : animation d'ailleurs discrète et mesurée, qui n'a besoin ni de grands gestes, ni de bruit, et qui résulte surtout de la conviction de celui qui enseigne. Fénelon, qui admettait les leçons au moins dans l'enseignement de l'histoire, disait : « Animez vos récits de tours vifs et familiers; parlez à l'imagination. »

**La rhétorique et l'enseignement.** — M. Bain fait observer avec raison que le maître qui enseigne peut tirer parti de tous les procédés de la rhétorique, de celle qui tend à convaincre l'intelligence, aussi bien que de celle qui cherche à émouvoir les sentiments. Mais le pédagogue anglais s'empresse d'ajouter que la rhétorique n'apprend pourtant pas tout ce qu'il faut pour bien enseigner :

« Les moyens d'exposition qu'elle fournit, exemple, comparaison, développement, preuve, sont nécessairement connus de tous les maîtres : mais la division et l'ordre des leçons, des interrogations de vive voix, la proportion à établir entre les leçons orales et les leçons apprises dans les livres, la manière de faire les leçons de choses, sont autant de sujets auxquels les auteurs des traités de rhétorique n'ont pas donné une attention suffisante (1). »

En d'autres termes, même l'exposé oral ne doit pas être un discours ininterrompu : il est bon qu'il soit coupé par des questions adressées aux élèves ; de même

(1) Bain, *La Science de l'éducation*, Bibliothèque internationale, p. 172.

que la leçon de choses elle-même comporte de temps en temps de petits exposés, qui succèdent à l'observation des objets.

**Préparation des leçons.** — La préparation de la leçon est chose indispensable, et peut-être l'est-elle d'autant plus que la leçon doit être plus simple, plus élémentaire. Un professeur, qui sait bien ce qu'il enseigne, n'a pas besoin de beaucoup de réflexion pour être prêt à parler devant un auditoire d'adultes ou d'hommes faits, auxquels il peut se livrer tout entier, en leur communiquant toute sa pensée. Mais un instituteur qui doit se borner, qui, à raison de l'âge de ses élèves et des limites mêmes de son programme, a toujours à s'inspirer de la maxime : « Enseigner, c'est choisir », ne saurait se risquer aux hasards de l'improvisation. Il faut que, dans un plan nettement délimité, il ait à l'avance fixé les bornes qu'il ne franchira pas, et déterminé les points essentiels sur lesquels il veut insister. Nous ne lui demandons pas d'avoir préparé l'expression, la forme de son exposition : mais l'ordre et la suite des idées doivent être soigneusement prémédités. C'est dans les détails seulement d'un cadre préalablement arrêté que l'improvisation peut se donner carrière.

« Faute de préparation, dit M. Marion, la causerie en classe tombe facilement au-dessous de tout, aride et prolixe tour à tour, incertaine et confuse, vide quand elle veut être légère, traînante quand elle veut approfondir. Sauf de rares exceptions, elle engendre vite l'inattention, fatigue et disperse l'esprit. Il faut penser d'avance, pour n'en pas perdre une seule, aux occasions qu'on aura de secouer les esprits, aux moyens qui peuvent s'offrir de piquer la curiosité, de faire jaillir l'intérêt et d'appeler tout son monde à l'œuvre. Il faut penser surtout à l'ordre dans lequel les idées s'éclaireront le mieux et doivent rester enchaînées pour répondre aux vrais rapports des choses (1). »

**Excès à éviter.** — La préparation de la leçon doit être, par conséquent, une sorte de plan de cam-

(1) *Revue pédagogique* du 15 janvier 1888, article de M. Marion sur les *Règles fondamentales de l'enseignement libéral*, p. 18.

pagne, où le maître prévoit les difficultés à vaincre, où il règle la marche générale à suivre, plutôt qu'une recherche trop détaillée de la forme à employer, du tour à donner à l'expression des idées. Les leçons trop savamment préparées manquent de cette libre allure, de cette aisance qui convient à l'enseignement.

« Une préparation trop minutieuse, dit encore M. Marion, n'est nullement désirable : c'est ce qu'on oublie à tort de dire aux maîtres. Elle ôte de la souplesse à la leçon, qui risque de retomber dans le monologue ; elle produit je ne sais quelle raideur didactique, bannit l'imprévu, empêche les trouvailles du moment. On devient esclave plus ou moins d'une préparation qui a tout prévu, tout arrêté, fond et forme. On tient à ce qui a coûté tant de peine, et l'on y tient, et l'on y revient. Ainsi rentre dans la classe la leçon stéréotype, — l'inertie du maître et de l'élève. »

**Préparation de la classe.** — Ce n'est pas seulement la leçon, ce sont tous les exercices de la classe que le maître doit préparer avec soin. Et je ne parle pas seulement de la préparation prochaine des occupations de chaque jour : j'entends aussi la préparation à longue échéance du travail de l'année tout entière. Il faut que dès le premier jour de la rentrée l'instituteur se soit fait une vue d'ensemble de la distribution générale des matières, du développement qu'il convient de donner à chaque partie du programme : sans quoi il risque de s'attarder sur tel point, pour être ensuite obligé de courir trop vite sur tel autre, de ne pas mesurer avec proportion à chaque exercice la part qui lui revient, de ne pas arriver au bout de sa tâche.

Mais ce qui n'est pas moins nécessaire, c'est le règlement jour par jour des travaux successifs de l'école. Il faut avoir choisi, à l'avance, ses textes, ses sujets de devoirs ; il faut s'être demandé quelles difficultés présentera le morceau qui sera lu ; il faut s'être recueilli pour savoir quelles applications il comporte, etc. De là l'utilité du *Journal de classe*, qui est comme le résumé de cette préparation journalière. Dira-t-on que cette préparation enchaîne l'essor de l'esprit? Nous répondrons, avec M. Gréard, qu'elle laisse à l'enseignement la part d'improvisation, nous dirons presque de surprise, qui en est le charme; mais qu'elle en assure la direction générale, elle en détermine le but, elle en empêche les écarts.

**Le procédé interrogatif.** — On n'enseigne pas seulement par des leçons didactiques, par une exposition suivie. La forme interrogative est, elle aussi, un procédé d'enseignement.

Il y a d'ailleurs à distinguer diverses manières d'interroger. Ou bien on pose simplement des questions, pour s'assurer que l'écolier a retenu ce qu'on lui a appris. L'interrogation n'est alors qu'un auxiliaire des autres méthodes d'enseignement. Ou bien on interroge l'élève sur des matières qu'il n'a pas encore étudiées; on provoque, soit ses observations sur des objets à la portée de ses sens, soit ses réflexions sur des questions qui, pour être résolues, exigent simplement du jugement et du raisonnement. Dans ce cas, l'interrogation qui, de réponse en réponse, conduit l'enfant à la solution d'un problème, à l'acquisition d'une connaissance nouvelle, l'interrogation est une méthode à part, qui a ses principes propres, son but distinct, et qui s'appelle méthode socratique, si l'on tient compte du nom du premier maître qui l'a maniée, méthode inventive ou euristique*, si l'on considère son caractère qui est de faire découvrir la vérité.

**La méthode socratique.** — La forme de la méthode socratique, c'est l'interrogation; le fond, c'est l'appel à la pensée personnelle de l'élève, c'est l'excitation des esprits, supposés capables de découvrir par eux-mêmes la vérité. Au premier abord, la méthode socratique apparaît comme l'idéal de la méthode d'enseignement, puisqu'elle met en jeu à la fois l'activité du maître et de l'élève, puisqu'elle excite plus qu'aucune autre l'initiative, les facultés inventives de celui qui étudie.

Voici comment Socrate (1) l'appliquait aux vérités morales et aux questions qui peuvent être résolues par la seule analyse des idées et des mots. Toute vérité, disait-il, contient en elle d'autres vérités, toute erreur est liée à d'autres erreurs. Il sera donc toujours possible de faire découvrir à un esprit, qu'on sollicite par ses questions, 1° les vérités qui sont identiques à une vérité qu'il a déjà reconnue ; 2° les erreurs plus graves contenues dans une erreur qui, moins aisée à discerner, s'était glissée dans son jugement. A vrai dire, c'est là un procédé de raisonnement : le maître fait raisonner avec lui son élève ; il lui fait successivement donner son adhésion aux principes qu'il pose et aux conséquences qu'il dégage.

Ce qu'on appelle aujourd'hui méthode socratique, c'est bien encore la dialectique du philosophe grec, opération abstraite qui fait saisir les rapports des idées et des propositions. Les modernes tendent cependant à y faire intervenir les données des sens. Ils emploient le même procédé d'interrogation pour appeler l'attention de l'enfant sur les qualités sensibles d'un objet, qu'il a vu, mais dont il n'a pas, dans une première perception confuse et en partie inconsciente, analysé tous les caractères.

**Limites de la méthode socratique.** — La méthode socratique, quels que soient ses mérites, a ses défauts graves. Elle sollicite la présence d'esprit, elle habitue aux conceptions rapides, à l'élocution prompte ; elle exerce l'enfant à penser et à parler. Mais, tout cela, elle le fait avec trop de célérité, pour ainsi dire ; elle est l'instrument d'une instruction improvisée, d'une dialectique superficielle, non d'une étude approfondie. Elle ne saurait présenter les

(1) Voyez, dans le *Manuel de pédagogie psychologique* de M. Chaumeil, le chap. XV : *Méthode socratique*, où l'auteur a reproduit un long extrait du dialogue de Platon, le *Ménon*.

avantages, soit des leçons étudiées, savantes, où le maître condense en quelques mots le résumé de ses longues réflexions, soit des études personnelles, des méditations prolongées, où l'élève, à tête reposée, recueille le meilleur de sa pensée.

De plus, la méthode socratique ne peut s'appliquer utilement que dans le domaine des choses où l'esprit découvre par lui-même la vérité, et ce domaine est fort restreint.

« Insuffisante par sa forme, la méthode socratique, dit M. Marion, l'est bien autrement quant au fond. Elle suppose que la vérité est innée dans les esprits et qu'il ne s'agit que de l'en faire sortir. Pensée profonde, en ce qui concerne les idées premières, les principes fondamentaux de la connaissance et de la morale, peut-être aussi les vérités toutes formelles de la géométrie : mais que devient-elle quand il s'agit de faire connaissance avec le monde réel, ce qui est, avant tout, le but de l'étude? Interrogez l'enfant tant que vous voudrez : vous ne lui ferez pas trouver en lui la physique, la géographie, le dessin ; vous ne lui ferez pas prendre une idée juste des rapports des choses. La pensée juste, c'est l'exacte correspondance des idées aux objets : vaine est la prétention d'y amener l'enfant, en lui faisant tout tirer de lui-même. Si son esprit n'est pas tout à fait une table rase, il est encore moins une encyclopédie. Quand le philosophe lui-même, pour penser utilement et ne pas se perdre, a besoin de toucher terre, d'appuyer sans cesse sur l'expérience ses méditations et ses déductions, comment l'enfant, qui a tout à apprendre, tirerait-il de son fonds ce qu'on n'y a pas encore mis ? Le fonds ne s'enrichit utilement que par l'observation des faits, au contact des choses. En d'autres termes, l'enseignement suppose, pour être solide, une forte dose de réalisme, tandis que la méthode socratique s'accommode du formalisme le plus pur (1). »

Pratiquée par Socrate lui-même, la méthode interrogative n'était souvent qu'un long bavardage subtil, une dialectique abstraite qui jouait dans le vide, qui assouplissait l'esprit plus qu'elle ne le nourrissait.

Il ne faut donc pas se faire illusion sur la portée de cette méthode : sans compter que, pour être utilisée, elle demande une main singulièrement habile et

(1) Voyez la *Revue pédagogique* du 15 janvier 1888, article de M. Marion sur la *Méthode active*.

exercée, quelque chose de la finesse et de la subtilité d'esprit d'un Socrate.

Tout autre est le caractère de l'interrogation dans son sens ordinaire, entendue comme un moyen auxiliaire de l'enseignement didactique.

**L'interrogation dans son sens ordinaire.** — L'interrogation est au moins le meilleur moyen de s'assurer que la leçon a été comprise, que les points essentiels en ont été retenus. Dans l'ancien système, on faisait réciter : dans le nouveau, on interroge; de sorte qu'on s'adresse moins à la mémoire qu'à l'intelligence de l'élève; on lui donne l'occasion d'exprimer lui-même, à sa façon, les connaissances qu'on lui a transmises. De la sorte, l'interrogation est à la fois un moyen de contrôle pour le maître, et, pour l'élève, une occasion de faire effort, afin de traduire sa pensée dans des formes nouvelles.

Même quand les réponses ne sont pas satisfaisantes, l'interrogation est utile.

« C'est que ces réponses, comme le fait observer M. Joly, font sortir de l'intelligence enfantine les idées fausses, les interprétations erronées, les tendances périlleuses qui peuvent y être enveloppées à son insu. Dès qu'elles apparaissent et se trahissent par des réponses naïves, on est à même de les redresser; la comparaison que l'élève ne manque pas de faire entre sa réponse mal ébauchée et celle que le maître lui substitue, en la lui expliquant, est une des leçons les plus profitables qu'il puisse recevoir (1). »

**Diverses sortes d'interrogation.** — L'interrogation peut suivre immédiatement la leçon du maître : elle lui permet alors de revenir sur certaines idées importantes ou obscures, de réparer des omissions, de combler des lacunes, d'ajouter enfin des éclaircissements et des explications, qui mettent les choses au point.

Elle peut aussi intervenir au cours même de la

(1) M. H. Joly, *Notions de pédagogie*, p. 120.

leçon, pour réveiller l'attention qui s'endort, pour tenir les élèves en haleine.

Elle est enfin nécessaire pour contrôler le travail personnel de l'élève, pour reprendre à la classe suivante les leçons de la veille et des jours précédents, pour être enfin un instrument perpétuel de revision.

**Conseils sur les interrogations.** — Voici, sur la pratique de l'interrogation, quelques conseils que nous recueillons dans les *Notes d'un inspecteur* de M. E. Anthoine* (1) :

« On vous a conseillé d'interroger : maintenant vous interrogez trop. Vous avez posé une question à Marie, et comme elle tardait à répondre, vous êtes passée à Berthe, à Jeanne, et comme Jeanne ne répondait pas tout à fait comme vous le désiriez, vous vous êtes adressée à une autre, et encore à une autre, et vous avez fini par vous répondre vous-même. Ou la question était trop difficile et il eût mieux valu ne pas la poser ; ou vous deviez presser davantage l'élève que vous avez d'abord interrogée. — Que l'interrogation ne voltige pas sans cesse en tout sens ; qu'elle se pose, qu'elle se fixe pour un temps quelque part. — Il y a des interrogations de bien des sortes. Écoutez la maîtresse qui, dans une petite classe, fait une leçon de choses : elle arrête son exposition ; elle s'adresse à un élève, elle lui demande ce qu'il sait, ce qu'elle sait bien qu'il sait : l'interrogation ici est de pure forme. Ce n'est qu'une manière de rompre le discours, de faire sortir l'enfant du rôle passif, qui ne saurait convenir longtemps à sa vive nature...

« Même avec des élèves peu âgés, il y a au cours de la leçon l'interrogation soudaine, brusque, moyen de ressaisir les esprits, sorte de rappel à l'attention, avertissement jeté à l'élève qu'il doit toujours écouter, parce qu'il peut toujours être interpellé. Il y a, après la leçon, l'interrogation par laquelle nous cherchons à nous assurer que nous avons été écouté, ou mieux que nous avons été compris... »

Ce qu'il ne faut pas oublier non plus, c'est que les interrogations ont elles-mêmes besoin d'être préparées. Si l'on ne sait pas à l'avance dans quel sens on dirigera les questions, on risque de se laisser dérouter par les suggestions inattendues des réponses ; on

(1) M. E. Anthoine, *A travers nos écoles*, Paris, Hachette, 1887, p. 6 et suiv.

tombe dans la confusion et le désordre. Sous une autre forme, l'interrogation doit obéir, aussi bien que la leçon didactique, aux règles générales de la méthode, et procéder, soit par déduction rigoureuse, soit par induction prudente.

RÉSUMÉ.

102. Le maître intervient dans tous les exercices de l'école pour régler le travail de l'élève; mais il a un rôle plus actif encore dans l'**exposition orale**, dans **la leçon**.

103. La **leçon didactique**, qui autrefois n'était en usage que dans l'enseignement supérieur ou secondaire, a aujourd'hui droit de cité dans l'enseignement primaire.

104. La leçon a sur les autres procédés d'enseignement cet avantage qu'au lieu de **faire chercher la vérité** à l'enfant par de longs détours, elle lui présente, elle **lui donne la vérité toute faite**.

105. L'exposition orale est surtout à sa place dans l'enseignement de l'**histoire**, de la **morale**, des **sciences physiques et naturelles** : elle doit d'ailleurs être **simple**, **familière**, **courte** et **animée**.

106. Les **procédés de la rhétorique** peuvent être discrètement employés dans l'enseignement.

107. Plus la leçon doit être simple et élémentaire, plus il est nécessaire qu'elle soit **préparée avec soin**, c'est-à-dire que l'ordre des idées, le développement à donner à chaque partie soient

fixés à l'avance. Mais il ne faut pas que le maître en ait trop apprêté la **forme extérieure**.

108. Ce n'est pas la leçon seulement, c'est tout le travail de la classe que le maître doit préparer avec soin : de là l'utilité du **journal de classe**.

109. La **forme interrogative** est, elle aussi, un procédé d'enseignement.

110. Il y a deux sortes principales de questions : 1° les questions qui ont pour but simplement de s'assurer que **l'élève a retenu**, qu'il **a compris** ce qu'on lui a déjà enseigné ; 2° les questions qui portent sur des matières qu'on n'a pas encore étudiées, et qui **provoquent la pensée personnelle** de l'enfant.

111. Sous cette seconde forme, les questions constituent la **méthode socratique** ou inventive ; méthode qui ne peut s'appliquer que dans le domaine fort restreint des vérités que l'esprit découvre par lui-même.

112. En outre, la méthode socratique risque fort de devenir un **verbiage subtil**, une dialectique de pure forme, qui assouplit l'esprit plus qu'elle ne le nourrit.

113. L'interrogation, dans son sens ordinaire, est un **moyen de contrôle** qui permet en outre au maître de compléter ses leçons.

### AUTEURS A CONSULTER.

M. A. JOLY, *Notions de pédagogie*, Paris, Delalain, 1888, ch. IX. — *Dictionnaire de pédagogie*, article de M. JACOULET sur le *Journal de classe*.

---

# LEÇON X

## MÉTHODES D'ENSEIGNEMENT. — LE TRAVAIL PERSONNEL DE L'ÉLÈVE.

Le travail de l'élève. — Divers exercices scolaires. — Variété des exercices. — Progression des exercices. — Caractère propre de chaque cours. — Exercices oraux. — La lecture expliquée. — Exercices de mémoire. — Exercices écrits. — L'art de prendre des notes. — Devoirs à la maison. — Les problèmes. — Exercices de composition. — Possibilité de ces exercices à l'école primaire. — Correction des devoirs. — Exercices d'analyse. — Conclusion.

**Le travail de l'élève.** — Tout le travail du maître n'a qu'un but : faire travailler l'élève. Les leçons les plus savantes ne serviront de rien, si l'écolier d'abord ne leur prête son attention soutenue, si ensuite on ne lui fournit pas l'occasion d'en rendre compte, après les avoir entendues, si on ne l'oblige point à en tirer par un effort personnel les applications qu'elles comportent, soit dans des exercices oraux, soit dans des devoirs écrits.

Nous connaissons des écoles où un maître instruit et actif se dépense sans cesse, multiplie ses efforts, prodigue sa parole : et tout cela sans obtenir de résultats sérieux. C'est qu'il ne sait pas suffisamment associer ses élèves au travail de la classe ; c'est qu'il ne leur demande pas assez l'effort de réflexion propre qui seul peut assurer le progrès intellectuel ; c'est qu'il ne leur impose pas dans une juste mesure les tâches personnelles, qui exigent que l'élève s'assimile véritablement ce qu'on lui enseigne.

Fénelon se trompait, quand il voulait qu'une fois la

leçon faite on se gardât bien de demander à l'enfant de la répéter : « cela pourrait le gêner », disait-il. L'enseignement, quelque disposé que nous soyons à le rendre attrayant et facile, doit se résigner par moments à gêner l'enfant, à le fatiguer. A vouloir le ménager sans cesse, à le dispenser de tout effort, on risque de l'amollir, de le gâter, de lui donner l'habitude de l'insouciance paresseuse, de ne lui faire apprendre enfin qu'à moitié et même pas du tout ce qu'il doit savoir tout à fait et avec une précision parfaite.

**Divers exercices scolaires.** — L'enseignement du maître a donc une contre-partie nécessaire : l'effort de l'élève. Cet effort se produit particulièrement dans divers exercices, que les programmes scolaires distinguent et qu'ils énumèrent dans l'ordre suivant : 1° exercices oraux ; 2° exercices de mémoire ; 3° exercices écrits (dictées, exercices d'invention et de composition) ; 4° exercices d'analyse (analyse grammaticale, analyse logique). Ces exercices, que nous allons passer successivement en revue, n'ont de valeur que s'ils se complètent les uns par les autres. Les exercices d'analyse développent plus particulièrement le jugement; les exercices de récitation, la mémoire. C'est en combinant les résultats divers de ces efforts particuliers que maître et élèves arriveront à leurs fins.

**Variété des exercices.** — Même au début, et dès le cours élémentaire, il faut savoir varier et faire alterner les exercices. Tristes classes que celles où, comme autrefois, la lecture et l'écriture retiennent seules l'attention de l'enfant, à l'exclusion de toute autre étude! Avant qu'il sache lire en perfection, l'enfant peut déjà avec profit suivre un petit calcul, étudier un peu de géographie et d'histoire. Ce mélange d'exercices soutient l'esprit, loin de le fatiguer; car rien ne repose d'un travail comme un autre travail.

En outre, cette variété d'exercices est nécessaire

pour mettre à l'épreuve les aptitudes diverses des enfants : tel élève, que les exercices mécaniques de lecture et d'écriture, s'ils étaient seuls, auraient peut-être rebuté pour jamais, est alléché au contraire et entraîné à l'étude par un exercice de géographie, ou par une étude d'histoire. Il est bon que dès la première heure, l'instituteur tâte, pour ainsi dire, de divers côtés l'esprit de l'élève, pour chercher quelles sont les issues par où son enseignement a le plus de chance de saisir et de captiver son attention. « Une fois la brèche faite, dit M. Gréard, tout le reste passera. Il est peu d'esprits qui n'aient leur accès, et le plus souvent, il faut l'avouer, ce n'est pas l'enfant qui fait défaut au maître, mais le maître qui fait défaut à l'enfant. Multiplier les moyens de prise, dans une judicieuse mesure, c'est multiplier les moyens de succès. »

**Progression des exercices.** — Il n'y a pas, dans les méthodes d'enseignement, de question plus délicate que celle de la progression des exercices, de l'attribution des études aux différents cours, de façon qu'elles soient appropriées à l'âge et au développement intellectuel des élèves. Le programme, sans doute, règle la répartition des matières et même détermine la nature des exercices propres aux cours élémentaire, moyen et supérieur. Mais il n'en reste pas moins au maître une large part d'initiative, dans le choix des devoirs particuliers et des travaux de toute espèce qu'il doit proposer à ses élèves. A côté du texte des programmes que l'instituteur ne doit jamais perdre de vue, parce que c'est un guide excellent, il est bon qu'il réfléchisse par lui-même au plan qu'il convient de suivre, à ce qui, outre la lettre des règlements officiels, doit être l'esprit de son enseignement. Les observations suivantes de M. Gréard, sur la progression des trois cours, lui suggéreront d'utiles réflexions.

M. Gréard fait d'abord remarquer que les trois cours, les trois grandes divisions de l'organisation pédagogique, sont « fortement reliés entre eux »:

que l'enseignement primaire étant un enseignement de principes ou, en d'autres termes, d'éléments, il est nécessaire que l'enfant revienne sans cesse sur les mêmes études; « c'est-à-dire que les développements des différents cours puissent s'étendre et les exercices d'application s'élever d'un degré à chaque cours, sans que le fonds cesse d'être le même ». De là le caractère concentrique des trois cours successifs de l'école primaire.

**Caractère propre de chaque cours.** — Mais bien qu'ils ne soient que le développement progressif des mêmes leçons et des mêmes exercices, les trois cours ont chacun leur caractère propre.

« Le cours élémentaire, dit M. Gréard, est un cours d'initiation... Le but du cours moyen est de constituer le fonds des connaissances. Il s'agit de familiariser l'enfant avec l'usage de la langue et du calcul, d'établir dans son esprit la trame des faits générateurs de l'histoire nationale et les grandes lignes de la géographie physique, politique, industrielle, commerciale, de la France et du monde entier, de le doter en un mot de cet ensemble de notions positives sans lesquelles un homme se trouve aujourd'hui en dehors de l'humanité.

« Avec le cours supérieur, l'enseignement s'élève. L'âge est venu où, après avoir appris à passer de l'application à la règle, du fait au principe, l'enfant peut être habitué à descendre logiquement du principe au fait, de la règle à l'application; tout cela sans théories ambitieuses, mais de façon à rattacher les éléments plus ou moins épars des exercices antérieurs à des idées générales qui en soient la lumière et en forment le lien. »

C'est dire, en d'autres termes, que dans le cours supérieur la méthode déductive peut être substituée à la méthode inductive, et qu'il n'y a plus alors d'inconvénient à présenter à l'enfant les principes, les règles, avant les faits et les applications.

**Exercices oraux.** — Il faut attacher une grande importance aux exercices oraux, qui doivent d'ailleurs précéder tous les autres. Nous avons mauvaise opinion des classes où le maître parle seul. Il faut que l'élève parle à son tour, non seulement dans les réponses qu'il fait au cours d'une interrogation, mais aussi dans des exercices particuliers que le programme a nettement définis pour les trois cours.

COURS ÉLÉMENTAIRE. — *Reproduction orale de petites phrases lues et expliquées, puis de récits ou de fragments de récits faits par le maître.*

COURS MOYEN. — *Reproduction de récits faits de vive voix; résumé de morceaux lus en classe.*

COURS SUPÉRIEUR. — *Compte rendu de lectures, de leçons, de promenades, d'expériences. Exposé de vive voix par l'élève d'un morceau historique ou littéraire qu'il a été chargé de lire et d'analyser.*

Dans les premiers temps, pour exercer peu à peu la facilité d'élocution de l'élève, il faut se contenter de lui faire répéter presque littéralement des phrases qu'on lui a lues ou expliquées ; puis, insensiblement, on lui laissera plus de liberté et d'initiative, et on lui demandera un effort d'invention personnelle dans la pensée et dans l'expression de sa pensée.

Les exercices oraux comprennent d'ailleurs autre chose que les exercices d'élocution dont nous venons de parler : la lecture expliquée est, elle aussi, un exercice oral.

**La lecture expliquée.** — La lecture expliquée est devenue un des principaux exercices de l'école primaire. Sans doute, le maître y joue le principal rôle, puisque c'est à lui qu'il appartient de rendre compte des difficultés que présentent les mots et les idées dans le texte qu'on a sous les yeux. Mais il ne faudrait pourtant pas croire que l'élève ne doive y participer que passivement, en se contentant de lire le morceau choisi, tout au plus en prêtant une oreille attentive aux explications du maître. Ce qui importe le plus, c'est d'apprendre aux élèves à trouver eux-mêmes, au moins en partie, les commentaires que suggère la lecture, à solliciter par leurs questions les éclaircissements du maître.

« N'imposez jamais l'explication que vous avez trouvée, dit M. Léon Robert. Efforcez-vous au contraire d'en suggérer de personnelles. Il n'y a pas qu'une manière de commenter un texte, parce qu'il n'y a pas qu'un aspect de la vérité. Ce que dit votre élève diffère de ce que vous auriez dit, et son explication peut être aussi bonne que la vôtre; elle est même meilleure pour lui, parce qu'elle est sienne (1). »

En résumé, il est nécessaire que les élèves soient constamment associés à l'effort du maître, et que la lecture expliquée devienne un exercice collectif auquel chacun contribue pour sa part.

**Exercices de mémoire.** — A vrai dire, toute étude est un exercice de mémoire. Mais il y a lieu pourtant de faire une place à part aux exercices de récitation proprement dite, que le programme officiel détermine ainsi : au cours élémentaire, récitation de poésies d'un genre très simple ; au cours moyen, récitation de fables, de petites poésies, de quelques morceaux de prose ; au cours supérieur, récitation expressive de morceaux choisis, en prose et en vers, de dialogues, de scènes empruntées aux classiques.

Il ne suffit pas de faire lire aux élèves les chefs-d'œuvre de notre littérature : il faut exiger qu'ils en apprennent par cœur des fragments, en les exerçant d'ailleurs à une récitation expressive ou tout au moins à une prononciation exacte et correcte.

**Exercices écrits.** — De tous les exercices, les plus importants sont sans contredit les exercices écrits, autrement dit, les devoirs. Je sais bien que dans ces derniers temps il y a eu une sorte de réaction violente contre l'abus qu'on faisait, dans certaines écoles, du papier, de l'encre et de la plume. Il ne s'agit pas de contraindre l'enfant à écrire, à écrire sans cesse. Mais si l'on proscrit l'exagération des devoirs écrits, il y a lieu d'en maintenir, d'en recommander l'usage. Les choses enseignées ne se fixent d'une façon durable dans l'esprit, les idées personnelles ne trouvent tout à fait l'occasion de s'exprimer, que lorsqu'on met la plume

(1) Voyez la *Revue pédagogique* du 15 avril 1889, p. 338.

à la main. Et cela est nécessaire même pendant que le maître parle et fait son cours.

**L'art de prendre des notes.** — En effet, aujourd'hui qu'il n'est plus question de cours dictés, que d'autre part le livre et le manuel ne prennent plus exclusivement toute la place dans l'enseignement, l'art de prendre des notes au cours de la leçon a acquis une grande importance. L'élève ne saurait confier à sa seule mémoire l'exposé du maître. Il faut qu'il saisisse au vol au moins les faits essentiels, les idées principales, et qu'il les fixe sur le papier, soit pour ordonner ensuite ces notes sous forme de rédaction, soit plutôt, si l'on renonce à imposer à l'élève ces longues rédactions d'autrefois qui lui prenaient trop de temps, pour conserver le plan de la leçon et pour être en état de retrouver plus tard, de relire ce qui a été écrit en classe. De là tout un art nouveau, l'art de prendre des notes.

« Les notes bien prises sont précisément celles où la lumière et l'ordre sont déjà faits, celles qu'on peut employer sans leur faire subir de correction préalable. Tout le travail de choix et de classement s'est effectué pendant la leçon même... Il y a trois choses essentielles à considérer : 1° le choix à faire dans les idées; 2° la disposition des idées choisies ; 3° leur expression (1). »

**Devoirs à la maison.** — Mais l'élève ne doit pas seulement écrire pendant les leçons faites en classe; il doit aussi se livrer à un travail personnel, soit à la maison, soit pendant les heures d'école.

On a parfois exagéré la mesure des devoirs faits par l'élève à domicile, et c'est sur ce point qu'on a pu constater dans certaines écoles quelque tendance au surmenage. De plus, il faut bien reconnaître que les conditions de la vie, dans la plupart des familles qui envoient leurs enfants à l'école primaire, ne permettent guère le travail à la maison, au moins le travail

(1) Voyez la *Revue pédagogique* du 15 janvier 1883, p. 40 : *De la manière de prendre des notes aux leçons.*

écrit. « Les leçons à apprendre sont, on l'a dit justement, une des formes de devoirs qui se prêtent le mieux à être renvoyées à la maison (1). » Nous ne pensons pourtant pas que l'instituteur doive s'interdire absolument de prolonger pour ainsi dire le travail de la classe, en exigeant que l'élève lui rapporte de la maison, soit quelques tracés de cartes, soit la solution de quelques problèmes, soit même quelques exercices de rédaction.

Ce qu'il faut proscrire impitoyablement, ce sont les devoirs purement mécaniques, qui occupent les doigts sans exercer l'esprit, qui ne sont que des écritures longues et pénibles; et le conseil s'applique bien entendu à tous les devoirs, à ceux de la classe, comme à ceux de la maison.

« A tous les degrés de l'école primaire, a dit M. Gréard, il faut proscrire les tâches artificielles, les devoirs de convention, en un mot, ce qui occupe l'enfant sans l'instruire, ce qui pervertit sa volonté et atrophie son intelligence, en le contraignant à une application stérile. »

C'est en classe surtout que l'instituteur peut exiger des devoirs écrits. Nous ne dirons un mot que de ceux qui nous paraissent offrir le plus d'intérêt : d'une part les problèmes, d'autre part les exercices de composition et de style.

**Les problèmes.** — Il s'agit surtout des problèmes d'arithmétique : les problèmes de géométrie, d'algèbre, de physique, ne peuvent être que très rarement proposés dans l'enseignement primaire. Soit que l'instituteur les emprunte à un journal pédagogique ou à un recueil imprimé, soit, ce qui vaut beaucoup mieux, qu'il les combine lui-même, les problèmes doivent être choisis de façon qu'ils exercent les facultés de réflexion, le jugement et le raisonnement de l'écolier, et lui apprennent aussi à calculer rapide-

(1) Voyez *Dictionnaire de pédagogie*, article Récitation, de M. Defodon.

ment et aisément les questions pratiques qu'il aura à résoudre dans sa vie d'ouvrier ou d'agriculteur.

C'est ce que les instructions officielles exigent pour les écoles normales, et à plus forte raison pour les écoles primaires :

« Le maître évitera avec soin de sortir de l'enseignement primaire et de traiter des questions d'ordre purement spéculatif. Il devra se borner, conformément au programme, aux théories qui donnent lieu à des applications pratiques ou qui sont nécessaires à l'enchaînement des propositions et à la rigueur des démonstrations. Enfin, il multipliera les exercices et les problèmes, en ayant soin de les choisir exclusivement parmi ceux qui se rapportent à la vie usuelle, au commerce, à l'industrie, aux arts et à l'agriculture (1). »

**Exercices de composition.** — Il ne s'agit pas évidemment, à l'école primaire, de préparer des écrivains : il est question seulement, comme l'a dit très nettement M. Gréard, de mettre l'élève en état de penser par écrit et d'exprimer sous une forme juste une idée juste.

Les exercices d'invention et de composition doivent donc être des plus simples, et en outre gradués avec un soin minutieux. On demandera d'abord à l'enfant de reproduire au tableau noir, sur l'ardoise ou sur le cahier, quelques phrases expliquées précédemment. Puis on le conduira doucement, en faisant appel aux souvenirs soit de ses lectures, soit de sa petite expérience, à composer lui-même des phrases, à écrire des propositions simples. Plus tard on exigera qu'il reproduise à sa manière, et non plus littéralement, des morceaux lus en classe ou à domicile, ou des récits faits de vive voix par le maître. En même temps on lui proposera des exercices de rédaction sur les objets les plus simples et les mieux connus de lui. Enfin, on suivra dans la progression de ces exercices écrits les mêmes règles que dans le développement

(1) Instruction du 8 août 1881.

des exercices oraux, et après s'être contenté d'abord de la reproduction littérale de ce qui a été lu ou entendu, on ouvrira ensuite la carrière, dans des limites restreintes, à l'imagination et à l'invention personnelle de l'élève.

**Possibilité de ces exercices à l'école primaire.** — Tout le monde d'ailleurs n'accorde pas encore que l'on puisse convier l'enfant des écoles primaires à des exercices de composition. Aussi nous invoquerons avec plaisir sur ce point l'autorité de M. Gréard :

« La lecture, dit-il, ne fait que recueillir les éléments de la pensée et du langage. Pour que ces éléments tournent au profit de l'esprit et du cœur, il faut qu'ils soient assimilés. C'est ici qu'intervient l'exercice de la rédaction. Ainsi désigne-t-on le genre d'exercice par lequel l'enfant est appelé à exprimer ses idées. On lui donnait autrefois, on lui donne encore, dans les pensions de jeunes filles, le nom ridicule et faux de *style*. Le mot de rédaction nous paraît lui-même viser trop haut, et nous y voudrions substituer un nom plus rapproché de la chose, plus simple, plus vrai, celui d'exercice d'invention et de composition. Telle est en effet l'idée attachée au mot de rédaction qu'on n'en fait le plus souvent aborder la pratique à l'élève que dans le cours supérieur; et par la même raison on en va chercher les sujets bien loin. Qu'en résulte-t-il? S'il s'agit de faits que l'enfant ait appris, il les récite sur le papier; si sa mémoire ne lui fournit rien, ne sachant où se prendre, il s'évertue à mettre tant bien que mal sur leurs pieds quelques phrases banales. Ce n'est pas l'élève qu'il faut accuser de cette faiblesse : le plus souvent l'exercice est mal dirigé. Les idées ne viennent pas d'elles-mêmes à l'esprit de l'enfant : il faut lui apprendre à les trouver. Encore moins prennent-elles toutes seules l'ordre et la forme qu'elles doivent revêtir : il faut lui apprendre à composer. Or c'est de très bonne heure qu'on peut commencer ce petit apprentissage avec profit. Si jeune qu'il soit, l'enfant est capable de créer lui-même les exemples sur lesquels on lui fait reconnaître la nature et l'usage des mots de la langue ; il a dans l'esprit des propositions simples toutes faites ; il les possède inconsciemment, mais il les possède ; ses jeux, les objets qui l'entourent lui en fournissent incessamment la matière ; il ne demande qu'à les exprimer. La seule chose nécessaire alors, c'est, en stimulant cette faculté naturelle, de tenir la main à ce qu'il s'exprime toujours correctement (1). »

(1) M. Gréard. *Éducation et instruction* (*Enseignement primaire*), p. 94.

Et M. Gréard indique nettement quelle doit être la marche progressive de ces exercices : on fera inventer d'abord à l'enfant des propositions simples, puis des propositions complexes, puis la liaison de ses propositions. Plus tard viendra le développement écrit, les ressources du vocabulaire enfantin s'étant étendues aussi bien que celles de l'esprit. La conception première, le plan sera fourni par le maître en quelques phrases ; le travail de l'enfant consistera à remplir ce cadre, en indiquant les causes, les effets, les circonstances accessoires de temps et de lieu. Enfin, on en viendra aux sujets de composition proprement dite, ceux où l'élève aura tout à prendre dans son propre fonds.

**Correction des devoirs.** — Il n'est pas une seule partie de l'enseignement, nous ne saurions trop le répéter, qui n'exige la collaboration du maître et de l'élève. Les devoirs, qui sont cependant l'œuvre propre de l'écolier, ne seraient guère profitables, s'ils n'étaient pas corrigés avec soin. Le maître, qui est intervenu d'abord dans le choix des exercices, doit intervenir ensuite par l'attention scrupuleuse qu'il accorde au travail des élèves. Un devoir bien travaillé profite sans doute par lui-même à l'élève ; mais combien lui profitera-t-il davantage, si le maître prend soin de lui en signaler les lacunes et les imperfections, non seulement de lui en montrer, mais surtout de lui en expliquer les fautes, de lui apprendre enfin comment une autre fois il fera mieux ! On ne saurait donc trop recommander aux instituteurs de revoir toutes les copies des élèves, de les annoter, en dehors des heures des classes. Ce qui ne l'empêchera pas de faire en classe, au tableau noir, une correction collective. L'élève, qui saura ainsi quelle correction minutieuse l'attend, travaillera avec plus d'ardeur, et plus il saura que ses devoirs seront corrigés, moins ils auront besoin de l'être.

Ajoutons que le programme recommande avec

raison de recourir à un procédé qui peut avoir son utilité, s'il est pratiqué avec intelligence : la correction mutuelle des dictées et des exercices par les élèves eux-mêmes.

**Exercices d'analyse.** — Le programme distingue dans une catégorie à part les exercices d'analyse, qui sont cependant tantôt des exercices oraux, tantôt des exercices écrits, mais qui se rattachent exclusivement à l'étude de la grammaire. On demande avec raison que l'analyse grammaticale, seule exigée au cours élémentaire, soit surtout orale et plus rarement écrite. Quant à l'analyse logique, dont il n'est pas question au cours élémentaire, on n'exige que des exercices oraux, au cours moyen et au cours supérieur.

L'avantage de l'analyse orale est évident ; de cette manière, en effet, on est plus sûr de retenir l'attention de l'enfant, de lui fournir au fur et à mesure les explications nécessaires, et d'éviter la sécheresse d'un exercice qui par lui-même est un peu difficile.

On trouvera dans les écrits spéciaux (1) l'indication des méthodes diverses ou des procédés qui peuvent être employés dans l'analyse écrite. La seule chose qu'il nous importe de faire observer, c'est qu'on doit y éviter autant que possible les écritures inutiles, la répétition fastidieuse des mêmes formules, et se rappeler, comme on l'a dit, que « l'analyse doit être considérée avant tout comme une précieuse gymnastique intellectuelle ».

**Conclusion.** — Nous sommes arrivé au terme de nos réflexions sur l'éducation intellectuelle et sur les méthodes d'enseignement, et il s'en faut que nous ayons épuisé le sujet. Ce qui nous rassure sur les lacunes d'un travail nécessairement limité, c'est que, à vrai dire, l'étude théorique, analytique des méthodes pédagogiques n'est pas encore ce qui importe le

(1) Voyez article ANALYSE, de M. Defodon, dans le *Dictionnaire de pédagogie*, 1re partie.

plus à l'instituteur. Les méthodes, en pédagogie, sont un peu comme les Constitutions en politique. Les unes et les autres valent surtout par le mérite des hommes qui sont chargés de les appliquer. Ce n'est pas une raison sans doute pour se passer des méthodes ni des Constitutions; mais il n'en est pas moins vrai que le succès de l'enseignement dépend surtout de la valeur des maîtres auxquels il est confié.

### RÉSUMÉ.

114. Le travail du maître a pour contre-partie nécessaire le **travail de l'élève.** Tous les efforts de l'instituteur restent stériles, s'ils ne provoquent pas l'effort correspondant de l'élève.

115. L'effort de l'élève sera surtout appelé à se manifester dans une série d'exercices qui sont : 1° les **exercices oraux** ; 2° les **exercices de récitation** ; 3° les **exercices écrits** ; 4° les **exercices d'analyse.**

116. Dès le début de l'enseignement, il faut **varier et faire alterner** les devoirs, afin d'exercer les diverses aptitudes de l'élève, et de chercher de différents côtés l'accès de son esprit.

117. L'instituteur doit **proportionner** les **exercices** à l'âge, au degré de développement intellectuel des élèves, et les distribuer dans les différents cours d'après les règles d'une **progression rigoureuse.**

118. Les trois cours ne sont que le développement des mêmes leçons et des mêmes exercices, dans un **ordre concentrique** ; chaque cours a cependant son caractère propre.

119. Les **exercices oraux** doivent précéder les exercices écrits ; il est essentiel que le maître ne parle pas seul, et qu'il **fasse parler l'élève** à son tour.

120. La **lecture expliquée**, quoique le maître y joue le principal rôle, doit être pour l'élève une occasion de produire ses réflexions personnelles.

121. Les **exercices de mémoire** ne tendent pas seulement à développer la mémoire : ils doivent être une occasion d'exiger de l'enfant une **prononciation correcte** et une récitation expressive.

122. Les plus importants de tous les exercices sont les **exercices écrits**, autrement dit, les **devoirs**.

123. Il faut d'abord exercer l'élève à **prendre des notes** pendant la leçon du maître.

124. Il faut ensuite lui proposer des devoirs à faire, soit **à la maison**, soit surtout **en classe**, en proscrivant impitoyablement tous les **devoirs purement mécaniques**, qui exercent les doigts plus que l'esprit.

125. Les **problèmes** et les **exercices de rédaction** sont au nombre des exercices écrits les plus importants.

126. Il faut, dans le **choix des problèmes**, se préoccuper moins des questions d'ordre purement spéculatif que des questions pratiques, qui trouvent leur application dans la vie usuelle.

127. Les exercices de rédaction doivent être **gradués avec soin** : il s'agit uniquement d'apprendre à l'enfant à n'exprimer que sous une forme juste des idées justes.

128. Les devoirs les plus travaillés par l'élève ne lui profiteront qu'à moitié, s'ils ne sont pas **corrigés par le maître.**

129. Les **exercices d'analyse** doivent être surtout oraux, et entendus comme une gymnastique intellectuelle.

### AUTEURS A CONSULTER.

M. Gréard, *Éducation et instruction* (*Enseignement primaire*), p. 86 et suivantes. — M. Léon Robert, *Cours de lecture expliquée*, 1889.

# LEÇON XI

## C. — ÉDUCATION MORALE

### DIVERSITÉ NATURELLE DES INSTINCTS ET DES CARACTÈRES. — MODIFICATION DES CARACTÈRES ET FORMATION DES HABITUDES.

Éducation morale. — Opinions des pédagogues. — L'éducation morale à l'école primaire. — Autorité morale du maître. — Éducation intellectuelle et éducation morale. — Éléments essentiels de l'éducation morale. — Divers sens du mot caractère. — Le caractère chez l'enfant. — Diversité des instincts et des caractères. — Énumération des défauts de l'enfance. — Répression des penchants mauvais. — Éducation des bons instincts. — Formation des habitudes. — Influence heureuse des habitudes. — Les habitudes et les principes.

**Éducation morale.** — « A la culture intellectuelle qui forme l'esprit, a dit M. Gréard, doit être unie la culture morale qui forme le caractère. » L'enfant ne va pas à l'école pour s'y instruire seulement, mais aussi pour devenir meilleur, pour contracter des habitudes vertueuses, pour être de plus en plus tourné à la pratique du bien.

Ce n'est même pas assez dire que de mettre sur le même rang l'éducation morale et l'éducation intellectuelle. La vérité est que l'éducation morale est le but supérieur. Il ne faut pas que les résultats immédiats de l'apprentissage scolaire, par exemple, la préparation prochaine au certificat d'études, diminuent aux yeux de l'instituteur l'importance plus haute de la recherche des qualités morales, qui n'auront pas sans doute à se faire juger dans un examen, mais qui seront mises à l'épreuve pendant toute la vie, et qui, selon ce qu'elles seront, assureront ou compromettront le bonheur de l'existence entière. Un homme vaut moins assurément par son savoir que par son caractère, et l'école aura plus fait pour les élèves en les munissant, dans la mesure où elle le peut, de bonnes habitudes morales, qu'en étendant leurs connaissances.

**Opinions des pédagogues.** — Tel est bien le sentiment, je ne dis pas seulement du plus grand nombre, mais, on peut l'affirmer, de l'unanimité des pédagogues.

« L'instruction, disait Locke, n'est que la moindre partie de l'éducation. » — « Ce qu'un père doit souhaiter à son fils, disait-il encore, c'est la vertu avant tout. La science ne vient qu'après. »

Montaigne était bien du même avis, quand il requérait de son précepteur idéal deux qualités principales, mais « plus les mœurs que l'entendement ».

Les modernes ne sont pas moins affirmatifs. Si Horace Mann proclame que « l'école est la plus grande découverte qu'ait jamais faite l'humanité », c'est parce qu'il attend d'elle de grandes leçons de morale pour tous les hommes.

« Les autres organismes sociaux, disait-il, ont pour but la guérison et la cure de nos maux : l'école est préventive... Que les écoles se répandent, qu'elles acquièrent toute leur efficacité, et les neuf dixièmes des articles du code perdront leur raison d'être ; le long catalogue des souffrances humaines sera raccourci ; la sécurité sera plus grande le jour, le sommeil plus respecté la nuit ; la propriété, la vie, la réputation mieux garanties ; toutes les espérances raisonnables plus radieuses. »

De même, comme le fait remarquer le pédagogue allemand Diesterweg, l'idéal de Pestalozzi était l'éducation, non l'enseignement : il est vrai qu'à ses yeux tout enseignement avait un pouvoir éducateur ; et Diesterweg lui-même proclame que la valeur de l'homme réside dans son cœur (1).

(1) Diesterweg, *Œuvres choisies*, édition Goy, p. 294.

**L'éducation morale à l'école primaire.** — Mais il est inutile de multiplier les citations pour confirmer une vérité banale, à laquelle les conditions de liberté plus grande, dont jouissent les hommes au sein des sociétés modernes, donnent chaque jour plus de force. A mesure que les citoyens d'une démocratie sont appelés à se conduire plus librement eux-mêmes, et que le développement plus ample de leurs droits remet plus directement entre leurs mains le gouvernement de leur vie et la pratique volontaire de leurs devoirs, il devient, en effet, de plus en plus nécessaire que chaque individu porte en lui-même les principes de la moralité, le frein de ses passions, les éléments enfin d'une personnalité morale, armée de toutes les idées et de toutes les énergies qui assurent l'accomplissement du devoir.

Sans doute, c'est à la famille surtout qu'il appartient de jeter dans l'esprit de l'enfant les semences de la moralité. « La famille l'emporte sur l'école par la priorité, par la continuité, par la durée de son action. » Mais l'école peut, elle aussi, concourir à en poser les fondements.

Ce n'est pas seulement parce que l'école enseigne la morale : l'enseignement de la morale nous fait connaître nos devoirs, plus qu'il ne nous communique les forces nécessaires pour les pratiquer. C'est parce que, dans tous les exercices scolaires, dans toutes les leçons du maître, dans toutes les actions de l'élève, il n'est rien qu'on ne puisse faire habilement converger vers l'éducation morale, et utiliser pour la formation des habitudes, pour la culture de la sensibilité et de la volonté.

**Autorité morale du maître.** — Mais pour que l'école exerce cette vertu éducatrice, il y a une première condition indispensable, c'est que le maître sache se faire aimer et respecter, qu'il donne l'exemple des qualités morales, qu'il ait sur l'esprit et sur le cœur de ses élèves une grande autorité.

L'expérience démontre que cette autorité peut être acquise, et nous ne voulons en citer d'autre preuve que le fait suivant :

« Au village de V..., on a entendu un enfant durement traité par son père, pour une cause futile, s'écrier : Ah ! si le maître le savait ! Et le père, dit-on, arrêta son bras levé. Ainsi, la pensée de l'enfant dans sa détresse se tournait tout de suite vers son maître ; il en appelait à lui, comme à la justice même, et ce nom invoqué faisait réfléchir le père et le désarmait ! Quel plus bel hommage rendu à un homme ! Quel plus grand exemple d'autorité morale ! Quand je rencontre dans le plus humble village un tel maître, je m'incline avec respect devant lui (1). »

Souhaitons qu'il y ait beaucoup de ces maîtres, non pour faire contrepoids à l'autorité défaillante de la famille, ce qui ne peut être que l'exception et une exception regrettable, mais pour qu'ils puissent associer leur propre autorité à celle du père et de la mère : et la cause de l'éducation sera gagnée à l'école.

**Éducation intellectuelle et éducation morale.** — L'éducation intellectuelle est déjà une préparation à l'éducation morale. Les qualités solides de l'intelligence, le jugement, la réflexion, sont les meilleurs des supports pour l'éclosion des qualités morales. Quand on a appris à gouverner son attention, on est plus en état de modérer ses instincts et ses passions ; quand on sait diriger son esprit, on est bien près de pouvoir diriger sa volonté. Les bonnes méthodes d'enseignement sont en même temps des instruments de perfectionnement moral.

« L'exactitude, qui est le caractère dominant des bonnes méthodes, devient un sentiment moral autant qu'une qualité de l'esprit. Se rendre bien compte de ce qu'on sait habitue à peser et à régler sa conduite : ne pas se contenter de connaissances imparfaites mène naturellement à juger sévèrement ses actions (2). »

D'un autre côté, l'enseignement lui-même peut être

(1) M. Anthoine, *A travers nos écoles*, p. 18.
(2) M. Cochin, *Pestalozzi*.

d'un grand secours à l'éducation. Je ne parle pas seulement des leçons directes de morale, qui ont leur sérieuse utilité : les anciens disaient, non sans raison, que « la vertu peut s'enseigner ». Mais il n'y a pas d'enseignement, quel qu'il soit, grammatical, historique, il n'y a pas d'exercice scolaire dont un maître habile ne puisse tirer parti au profit de l'éducation morale, par le choix des exemples qu'il donne à l'appui des règles de grammaire, par les réflexions que lui suggèrent les lectures faites en classe et les leçons d'histoire, par la nature des sujets de composition qu'il donne à traiter à ses élèves.

**Éléments essentiels de l'éducation morale.** — Il n'en est pas moins vrai que ni les leçons du cours de morale, ni l'influence indirecte des diverses parties de l'enseignement, ne suffisent à l'éducation morale. Il y a une éducation spéciale de la moralité, dont les éléments essentiels, que nous allons examiner tour à tour, sont : 1° l'étude des instincts et des caractères ; 2° la formation des habitudes ; 3° la culture de la sensibilité ; 4° l'éducation de la volonté ; 5° la discipline.

**Divers sens du mot caractère.** — Le premier devoir de l'éducateur est de se rendre compte des instincts et des caractères de ses élèves. Il s'agit, pour le moment, non du caractère entendu comme synonyme de l'énergie de la volonté (1), mais simplement du caractère, pris dans son sens large, c'est-à-dire, comme le définit Littré, « de ce qui distingue au moral une personne d'une autre ». Les caractères ainsi compris, ce sont les inclinations, les dispositions naturelles ou acquises qui donnent à chaque individu sa physionomie propre.

**Le caractère chez l'enfant.** — Le caractère chez l'homme fait, chez l'adulte, se compose de tout ce que les habitudes acquises ont ajouté de dispositions nouvelles aux dons naturels, aux qualités innées du

(1) Voyez plus loin, leçon XIII : *Éducation de la volonté et du caractère.*

tempérament. Chez l'enfant, avant que l'éducation ait accompli son œuvre, le caractère n'est guère que l'ensemble des instincts individuels et héréditaires. C'est à peine si, à raison du milieu où l'enfant a passé ses premières années, et des conditions de sa vie de famille, quelques influences ont pu légèrement modifier le fonds primitif de son tempérament intellectuel et moral. L'enfant arrive à l'école sans avoir eu le temps de s'engager dans des habitudes invétérées, sans avoir pris son pli, offrant par suite aux efforts de l'instituteur une matière souple et le plus souvent docile. Rien n'est plus difficile que de modifier le caractère définitivement formé, la nature achevée d'un homme déjà avancé dans l'existence. Mais plus on se rapproche du commencement de la vie, plus on sait aborder tôt l'œuvre de l'éducation morale, et moins on rencontrera de résistance, moins on aura à lutter pour améliorer les caractères.

**Diversité des instincts et des caractères.** — Les inclinations naturelles, jointes aux premières impressions reçues dans la famille, suffisent cependant pour établir entre les enfants de très notables différences. M. Joly en a esquissé le tableau :

« Le caractère d'un enfant est susceptible de bien des nuances. L'un a un caractère *heureux*, c'est-à-dire que sa santé est assez égale, son tempérament assez bien équilibré, son imagination naturelle assez vive, mais assez bien disposée à se représenter les bons côtés des choses pour que, chez lui, la tendance à la gaieté, à la bonne humeur soit à peu près constante ; il s'accommode de ce qu'on lui donne ; il tire parti des circonstances du mieux qu'il peut ; il se résigne, sans amertume et sans découragement, à ses petits ennuis ; et le malheur des autres, quoiqu'il n'y soit pas insensible, ne réussit pas à le troubler longtemps.

« Un *bon* caractère se rapproche beaucoup d'un heureux caractère. Il semble toutefois qu'on mette entre les deux cette nuance même qui distingue la disposition à jouir et à se sentir heureux à peu de frais, de la disposition à une bonté habituelle envers les autres : le bon caractère entend la plaisanterie, partage volontiers avec les camarades, oublie vite les petites offenses ou les petits torts qu'on a pu lui faire, et se tient toujours prêt à obliger. Un *mauvais* caractère, cela va de soi, trouvera de méchantes intentions et un sens blessant aux propos les plus inoffensifs : il persévère dans ses rancunes et dans ses désirs de vengeance. S'il y met une certaine âpreté qui le tourmente lui-même, on l'appellera *vindicatif;* s'il prépare en secret sa vengeance, ce sera un caractère *perfide* ou *sournois*. Laissons de côté les *beaux*, les *grands*, les *nobles* caractères, qu'on ne peut trouver chez les enfants qu'à l'état d'esquisse encore vague et de promesses lointaines. L'instituteur trouvera sans peine des caractères *sérieux*, c'est-à-dire attentifs, prenant goût de bonne heure à la science, comprenant ce qu'on leur dit des devoirs de la vie, et réfléchissant avant d'agir. Mais il trouvera quelquefois aussi des caractères *étranges*, c'est-à-dire pleins de contradictions, qui ne connaissent ni les mêmes plaisirs ni les mêmes tristesses que les autres, soit parce que la précocité de quelques-unes de leurs facultés les dépayse, soit parce que les variations soudaines de leur tempérament ne permettent de continuité ni dans leurs sentiments ni dans leur humeur. Bref, entre les bons caractères et les mauvais, entre les faciles et les difficiles, il y aura toute une série de nuances dans les caractères mous, indécis, peu ouverts, légers, etc. (1). »

Le premier devoir de l'instituteur est de reconnaître cette diversité des caractères, et par conséquent d'étudier avec soin le tempérament des élèves. Il est évident, en effet, que ses procédés devront varier avec la nature même des tempéraments : il y aura des timides à encourager, des délicats à ménager, des orgueilleux à modérer, des ardents à apaiser; d'une façon plus générale, il y aura des qualités à développer, des défauts à réprimer.

**Énumération des défauts de l'enfance.** — Dupanloup *, dans ses livres sur l'éducation, a soigneusement catalogué les défauts de l'enfance : défauts incontestables, dont la préoccupation exclusive empêche peut-être l'évêque pédagogue de signaler avec la même justice les qualités naturelles de la plupart des enfants, mais dont il ne faut pas moins tenir compte, en dépit des paradoxes de Rousseau sur l'innocence absolue et la bonté parfaite de la nature humaine.

(1) M. H. Joly, *Notions de pédagogie*, p. 193.

Il y a des défauts intellectuels et des défauts moraux. Les défauts intellectuels sont : le défaut de jugement, le défaut d'imagination, le défaut de goût, le défaut de sensibilité, le défaut de mémoire.

Les défauts moraux ont souvent pour fondement une qualité. Par exemple, un caractère *ferme* est enclin à la *dureté*, un caractère *vif* à la *brusquerie*. Il y a des caractères *froids*, discrets, réservés, qui tendent à devenir *acariâtres* et sauvages. De même, les natures *mélancoliques* proviennent parfois d'un cœur très tendre et d'un esprit très réfléchi.

Mais il y a aussi des défauts moraux qui ne se mêlent à aucune qualité : *la légèreté, la vanité, l'humeur capricieuse, la mobilité, la dissipation, l'inclination au bavardage, l'indiscrétion...*

Nous n'achèverons pas l'énumération. Il faut n'avoir pas vécu avec les enfants, pour partager l'optimisme de Rousseau et de ceux que Mme Necker de Saussure appelle les « adulateurs de l'enfance ». Même quand l'enfant n'apporte pas avec lui des penchants mauvais, il est certain que ses inclinations même bonnes tendent à se dérégler et à devenir des défauts par leur excès même. « Parmi les fils d'Adam, disait Locke, il y en a peu qui soient assez favorisés pour n'être pas nés avec quelque tendance qui prédomine dans leur tempérament, et c'est l'œuvre de l'éducation, soit de la détruire, soit de la contrebalancer (1). »

**Répression des penchants mauvais.** — Quand l'instituteur s'est rendu compte des défauts d'un élève, il doit les lui faire connaître à lui-même. Sans doute, il y a des défauts légers qu'on aggraverait parfois en les reprochant trop vite à l'enfant ; mais quand il s'agit des tendances réellement vicieuses, il ne faut pas craindre d'être un moniteur sévère. La première condition pour se débarrasser d'un défaut, c'est de

(1) Voyez Dupanloup, *L'Enfant*. Paris, 1882, chap. IX : *Une classification des défauts*.

s'avouer ce défaut à soi-même. Les maladies morales ne guérissent pas, quand elles s'ignorent, quand elles se développent sans qu'on avertisse le malade de la gravité de son mal.

Il faut donc compter d'abord sur la bonne volonté de l'enfant, qui, une fois averti de ses défauts, s'il a un peu de sensibilité, un peu d'amour-propre, ou mieux encore s'il a déjà quelque idée du bien et du devoir, s'attachera à se corriger lui-même, et à combattre par un effort personnel ses imperfections et ses mauvais penchants.

C'est seulement dans le cas où la bonne volonté de l'enfant ferait défaut elle-même, qu'il convient de faire intervenir la discipline, avec son cortège de punitions, avec ses moyens de coercition nécessaire. On ne saurait se montrer trop sévère pour les instincts véritablement mauvais : on en empêchera les manifestations, on les châtiera vertement, si l'on n'a pas su les prévenir, si une résistance décidée rend inutiles les exhortations et les réprimandes.

**Éducation des bons instincts.** — Mais l'éducation morale n'est pas seulement une œuvre de répression et de contrainte : elle doit surtout exciter et cultiver les inclinations heureuses. Le meilleur moyen peut-être de corriger les mauvais penchants, c'est de favoriser les bons, de leur donner le plus souvent possible l'occasion de se produire, de les encourager par des éloges discrets, afin de les transformer peu à peu en habitudes durables et définitives.

« J'ai toujours été persuadée, dit Mme Guizot, que l'éducation n'avait de force contre le mal que le goût du bien. On ne réprime point une mauvaise disposition : on en fortifie une bonne, et je ne sache pas de meilleur moyen d'extirper un défaut que de faire croître une vertu à sa place (1). »

**Formation des habitudes.** — Les habitudes,

(1) Mme Guizot, *Lettres de famille sur l'éducation*, p. 105.

selon l'expression de Condillac, ne diffèrent des penchants que *parce qu'elles ont commencé.* En d'autres termes, l'habitude a tous les caractères d'un instinct, puisqu'elle nous entraîne à l'action sans réflexion, sans effort; mais elle est un instinct acquis. L'homme n'est guère qu'un faisceau d'habitudes, et l'on a pu dire, par conséquent, que le résumé de la science pédagogique consistait à donner à l'enfant de bonnes habitudes.

Deux conditions surtout président au développement des habitudes : 1° le nombre des répétitions du même acte; 2° l'intensité de l'effort déployé à chaque fois que l'acte se renouvelle, si l'acte est pénible, ou la vivacité du plaisir qui l'accompagne, si l'acte est agréable.

Par suite, c'est dans la vie paisible et calme de l'école, c'est dans l'âge où les impressions sont les plus fortes et les plus vives, c'est dans l'enfance et dans l'adolescence, que les habitudes trouvent le plus de facilités pour s'établir. M^me^ Necker de Saussure insiste, avec raison, sur l'influence heureuse du calme et de l'ordonnance de la vie, de la sérénité de l'âme, au point de vue de la formation des habitudes. Quand l'esprit n'a pas été encore ébranlé par trop de secousses diverses, quand il est à l'abri des orages de la vie et de l'agitation des passions, les mêmes impressions, les mêmes actes peuvent se renouveler aisément et donner lieu à de bonnes habitudes de sentiment, de pensée et d'action.

Étant données les lois de la psychologie, l'instituteur n'a pas d'autre règle à suivre que d'empêcher la répétition de tout acte mauvais, de toute impression malsaine, dont le renouvellement engendrerait des tendances vicieuses; et, d'autre part, de favoriser le retour fréquent aux mêmes sentiments, aux mêmes idées, aux mêmes actions, lorsqu'il en doit sortir des habitudes vertueuses.

**Influence heureuse des habitudes.** — Bien que

Rousseau, dans sa chimérique hypothèse d'une volonté toujours agissante avec réflexion et avec effort, ait prétendu proscrire les habitudes de l'éducation, on ne saurait contester l'heureuse influence qu'exerce en général sur notre conduite morale l'activité aisée, douce, qui résulte des bonnes habitudes. Comme l'a dit Mme Guizot :

« Notre puissance est bornée : la force, la lumière ne dépendent pas de nous ; le temps seul nous appartient. A la puissance du jour il ajoutera celle du lendemain, et ce que nous avons appris hier fait une partie de ce que nous savons aujourd'hui. Un acte de devoir m'a paru, la première fois, difficile à accomplir ; la seconde fois, je le commencerai fortifié du sentiment du bien-être que m'a donné son accomplissement... Bientôt il ne me demandera plus d'effort, il me deviendra un besoin (1). »

**Les habitudes et les principes.** — Les habitudes, quelque utiles qu'elles soient quand on les a dirigées vers le bien, n'en sont pas moins, comme le fait observer Vinet* (2), un élément irrationnel, aveugle, de l'activité, et pour tout dire, « une obéissance », une servitude. « Elles nous lient à nos propres actes et enchaînent notre présent à notre passé. » Quels que soient les heureux effets de l'habitude, il faut donc protéger l'enfant contre la vie automatique, inconsciente, qui résulterait d'un empire absolu de cette puissance involontaire et irréfléchie. Il faut réserver une part au moins dans l'activité à la volonté réfléchie : il faut, comme le dit Vinet, que dans l'intervalle des actes involontaires qui caractérisent l'habitude, la liberté puisse de temps en temps jeter ses propres actes ; il faut, comme le dit Mme Guizot, joindre aux habitudes les principes (3).

« L'avantage de ce qu'on appelle des habitudes me paraît être de rompre toute correspondance entre nos actions et nos pensées, de faire que notre vie aille et marche sans que notre

(1) Mme Guizot, *op. cit.*, lettre XI.
(2) M. Vinet, *L'Éducation, la famille et la société.*
(3) Mme Guizot, *op. cit.*, lettre X.

volonté réfléchie ait beaucoup à s'en mêler, comme le mérite d'une main habituée au fuseau est de tourner le fil sans exiger aucun exercice d'attention... Ce qui fait une habitude, c'est la puissance qu'elle a de nous séparer de nous-mêmes, de nous faire mouvoir en son sens, indépendamment de la réflexion, du raisonnement, et quelquefois même en sens contraire d'une détermination prise. Un bon cours d'habitudes ne peut-il pas devenir mauvais, si la situation change, ou simplement parce que, trop exclusif, il soumettra à une même règle d'action ce qui devrait se diriger d'après des principes différents? »

Il ne faut donc pas se dissimuler tout ce que les habitudes, même bonnes, offrent d'insuffisant ou de dangereux pour la conduite morale. Leur invariabilité, leur uniformité, nous laisse impuissants en présence de circonstances nouvelles. C'est ce que Mme Guizot explique dans un exemple saisissant :

« Si en face de l'ennemi le principe de l'honneur dit à ma volonté : « Lève-toi et marche », je n'ai plus besoin que l'habitude me fasse partir au son du tambour ; mais si l'habitude seule me fait marcher, quand le tambour se taira, l'ennemi et l'honneur en présence, je pourrais bien rester à ma place. Les bases de l'habitude viendront peut-être à nous manquer tout à coup : l'appui du principe, jamais. »

Sachons donc, au milieu des habitudes que nous inculquons à l'enfant, maintenir ou plutôt développer en lui des principes réfléchis d'action, qui lui permettent de se déterminer librement, d'adapter ses actes aux circonstances, qui l'empêchent, en un mot, de tomber dans la vie automatique et instinctive, et qui le laissent toujours en mesure de disposer de lui-même.

## RÉSUMÉ.

130. L'éducation morale est celle qui développe les **habitudes vertueuses** et qui dispose l'enfant à la pratique du bien.

131. Tous les pédagogues sont d'accord pour reconnaître que le **caractère vaut mieux** encore que le **savoir**, et que l'éducation morale a plus d'importance que l'éducation intellectuelle.

132. La **famille** exerce sur l'éducation morale une plus grande influence que l'école : elle l'emporte sur l'école par la priorité, par la continuité, par la durée de son action.

133. L'école n'en a pas moins sa part **d'action éducatrice**, mais à une condition : c'est que le maître, aimé et respecté, ait acquis sur les élèves une véritable **autorité morale**.

134. L'éducation morale est préparée par l'**éducation intellectuelle**, et toutes les parties de l'enseignement peuvent concourir à former la moralité.

135. L'enseignement direct de la morale a son utilité, mais il a pour résultat plutôt de nous faire **connaître nos devoirs** que de nous donner les forces nécessaires pour les pratiquer.

136. Les éléments essentiels de l'éducation morale sont : l'étude des instincts et des **caractères**, la formation des **habitudes**, la culture de la **sensibilité**, la culture de la **volonté**, la discipline.

137. Le caractère de l'enfant, c'est l'ensemble des **dispositions héréditaires et personnelles** qu'il apporte en naissant, et que modifie l'action soit de la famille, soit de l'école.

138. Les caractères présentent chez l'enfant un grand nombre de nuances et même de **différences individuelles.**

139. Le premier devoir de l'instituteur est d'étudier les caractères divers de ses élèves, afin de

**réprimer les penchants mauvais** et de **favoriser les bonnes inclinations**.

140. Les bonnes inclinations, encouragées, exercées, deviennent des **habitudes** heureuses.

141. Les habitudes s'établissent en proportion du nombre des **répétitions d'une même action**, et de l'intensité de l'effort ou de la vivacité du plaisir qui accompagne chaque action.

142. Le devoir de l'instituteur est d'empêcher le renouvellement de toute impression, de toute action mauvaise, qui peut engendrer une **habitude vicieuse**, et de favoriser au contraire le retour fréquent aux sentiments, aux idées, aux actions d'où sortiront de **bonnes habitudes**.

143. Les bonnes habitudes sont un précieux secours dans la vie, puisqu'elles nous **disposent au bien** sans effort.

144. Mais elles ont le défaut, par leur uniformité même, de nous laisser impuissants en face des circonstances nouvelles ; et il ne faut pas que leur empire devienne absolu, de façon à nuire à la liberté et aux **principes réfléchis d'action**.

### AUTEURS A CONSULTER.

M. Vessiot, *De l'éducation à l'école*, Paris, Ract, 1885. — Dupanloup, *L'Enfant*, Paris, 1882. — Mme Guizot, *Lettres de famille sur l'éducation*, lettres X et XI.

# LEÇON XII

## CULTURE DE LA SENSIBILITÉ.

Les sentiments et les habitudes. — Rôle général de la sensibilité. — La sensibilité chez l'enfant. — L'expression extérieure du sentiment. — Rapports du sentiment et de l'action. — Rapports du sentiment et de l'idée. — La force de l'exemple. — Contagion des sentiments. — Les affections de la famille. — L'action de l'école. — La camaraderie. — L'amitié. — L'éducation du patriotisme. — Le sentiment du bien. — Les autres sentiments.

**Les sentiments et les habitudes.** — Les sentiments, c'est-à-dire, d'une manière générale, nos dispositions à aimer ceci ou cela, nos affections, nos émotions de tout ordre, ne sont en un sens que des habitudes. Il n'y a de sentiment véritablement inhérent au cœur d'un enfant, que lorsque par une pente presque invincible l'enfant est porté à aimer tel objet, telle personne, à en faire le sujet familier de ses réflexions, et quand il trouve du plaisir à répéter les actes qui correspondent à ce sentiment. Aimer la patrie, par exemple, est un sentiment : mais cette affection ne naît pas en un jour, elle grandit lentement comme une habitude. L'enfant apprend d'abord ce que c'est que la patrie; il faut qu'il se familiarise peu à peu avec cette idée, qu'il y pense souvent, qu'il soit disposé à y penser. On n'est point un patriote si l'on ne songe à la patrie qu'accidentellement, si l'on attend, pour s'occuper d'elle, un événement extraordinaire, un jour de fête nationale, par exemple, ou un désastre public; si le cours habituel de nos imaginations ne nous ramène vers l'idée de notre pays, si l'on n'est disposé en toute occasion à agir dans son intérêt et à se dévouer pour lui.

La culture du sentiment participera donc des règles générales qui président à la formation des habitudes.

**Rôle général de la sensibilité.** — Nous ne prenons ici le mot de sensibilité que dans le sens vulgairement attaché à ce terme, comme synonyme des affections généreuses, des émotions désintéressées, auxquelles un préjugé commun donne pour siège le cœur. C'est seulement dans le langage technique de la psychologie que la sensibilité comprend à la fois les sentiments affectueux, et les passions égoïstes, celles qui ont précisément pour résultat de dessécher le cœur et de faire de l'homme un être insensible.

Les formes inférieures de la sensibilité méritent sans doute, elles aussi, l'attention de l'éducateur, ne serait-ce que pour arriver à les combattre et à les contenir. Elles rentrent en général dans la catégorie des penchants mauvais qui doivent être sévèrement réprimés. Ce qu'elles contiennent de bon, l'amour-propre en ce qu'il a de légitime, la noble ambition, l'émulation louable, nous aurons occasion d'en reparler au chapitre de la discipline (1).

Mais la sensibilité véritable, celle qui fait l'homme bon et dévoué, l'ami, le patriote, le fils affectueux, celle qui anime les cœurs aimants, les âmes tendres, celle aussi qui nous inspire l'amour du vrai, du beau et du bien, ne saurait être trop tôt encouragée chez l'enfant.

Je sais bien que ces sympathies, ces élans du cœur passent pour être des dons naturels, et que, dans l'opinion commune, l'éducation serait impuissante à les produire. Cela n'est pas tout à fait exact. L'éducation de la sensibilité est plus difficile, plus délicate que l'éducation de l'intelligence : mais elle existe pourtant. Il y a un art de cultiver les sentiments, et cet

(1) Voyez plus loin, leçon XIV.

art consiste surtout à placer l'âme de l'enfant dans les circonstances les plus favorables au développement complet de ses dispositions naturelles. Il y a dans tous les cœurs, même les plus ingrats, des germes de sensibilité qu'il s'agit seulement de nourrir et d'exciter.

Et si l'on songe au grand rôle que joue la sensibilité dans la vie, on est heureux de pouvoir penser que l'éducation contribue pour quelque chose au développement de cette faculté. Les grandes pensées viennent du cœur, a dit Vauvenargues : la plupart des bonnes actions aussi. Notre volonté morale a besoin d'être soutenue, non seulement par l'amour qu'excite le bien en lui-même, mais aussi par l'affection que nous inspirent nos parents, nos concitoyens, tous ceux envers lesquels nous avons des devoirs à remplir. Et en même temps que la sensibilité nous aide dans l'accomplissement du bien, nous facilite le chemin de la vertu, elle est la source la plus sûre du bonheur. Que serait la vie, désenchantée des affections?

**La sensibilité chez l'enfant.** — C'est une erreur de croire qu'on puisse obtenir de très bonne heure de l'enfant une sensibilité très délicate et très profonde. L'enfant est plein de grâce, et un sourire affectueux vient aisément éclairer ses yeux. Mais il s'en faut que derrière ses sourires, derrière ses gestes expansifs, on rencontre toujours un cœur sensible. Les apparences sont souvent trompeuses, et il y a une disproportion évidente entre les manifestations extérieures de l'enfant, et la réalité des sentiments qu'il éprouve.

Il sera prudent par conséquent de ne pas presser la sensibilité, de ne pas exiger trop tôt les preuves d'une affection qui n'existe pas encore. A vouloir faire étaler aux enfants des sentiments qu'ils n'éprouvent pas, on risque de n'obtenir d'eux que des grimaces et de petites hypocrisies de parade.

« L'affection ne s'apprend pas par cœur, disait miss Edgeworth*. Mme de Genlis * raconte qu'étant malade elle faisait savoir à ses élèves combien de fois par jour ils auraient dû s'informer de sa santé. Elle grondait le duc de Chartres pour s'être laissé distraire par deux perroquets qui se trouvaient dans la chambre de sa mère, un jour qu'il était allé lui rendre visite. Tout cela ne rend pas les enfants sensibles, et ne leur fait pas mieux aimer leurs parents (1). »

**L'expression extérieure du sentiment.** — C'est la réalité du sentiment, plus que l'expression extérieure en avance sur les émotions vraiment ressenties, qu'il faut tâcher de développer chez l'enfant. Ne forçons pas les affections : aidons-les seulement à croître peu à peu, et attendons du temps qu'il les mûrisse. A quel père n'est-il pas arrivé, un jour qu'il mettait son fils en présence d'un grand spectacle de la nature ou de l'art, d'être surpris et affligé du sang-froid, de l'impassibilité de son enfant? Le père était ému, parce que son esprit étendu et sa sensibilité développée par l'âge trouvaient largement dans les beautés offertes à ses yeux de quoi se nourrir et se repaître. L'enfant restait muet, plongé dans une sorte de stupeur, parce que rien dans son cœur ne correspondait encore aux choses qu'on lui montrait. En pareil cas il serait maladroit, il serait dangereux de vouloir contraindre l'enfant à exprimer des sentiments auxquels il ne participe point. On risquerait de lui donner l'habitude de l'affectation, de lui faire perdre celle de la sincérité.

D'autre part, il convient de laisser toute liberté à l'enfant dans la manifestation mesurée et exacte du sentiment qu'il éprouve réellement.

« Il y a de la dureté, dit encore miss Edgeworth, à soupçonner d'affectation ou d'exagération les témoignages que les enfants nous donnent de leur sentiment; rien ne blesse plus vivement un enfant généreux que cette espèce d'injustice. C'est un moyen certain d'étouffer le sentiment même de l'affection, que d'en recevoir le témoignage avec une réserve froide, et un regard qui exprime la dureté. »

**Rapports du sentiment et de l'action.** — Dans le

(1) Miss Edgeworth, *Essais sur l'éducation pratique*, chap. x.

développement de tout sentiment, on aura donc souci de ne pas exiger de l'enfant des actes ou des paroles qui ne correspondraient pas encore à ce qu'il est en état de sentir. C'est la même règle qui veut que dans l'éducation intellectuelle on proportionne exactement les études à l'âge et aux forces des élèves.

Et cependant, qu'on ne l'oublie pas, il peut être parfois utile et nécessaire d'anticiper un peu sur l'état réel des sentiments de l'enfant, en lui demandant, par exemple, de faire l'aumône, même quand il n'a pas compris la charité ni ressenti au cœur un sincère amour du prochain. C'est que si les sentiments, quand ils existent déjà, conduisent naturellement à des actions appropriées, les actions elles-mêmes, si on les répète, si on les accomplit sans répugnance, contribuent à développer des sentiments conformes. Nous ne voulons assurément pas recommander la maxime théologique : « Pratiquez, et vous croirez » ; mais il y a cependant à tenir compte, dans cette délicate matière de l'éducation des sentiments, des rapports qui lient l'action extérieure et l'émotion correspondante : il y a une juste mesure à chercher, pour assurer, sans contrainte et sans violence, la réciprocité d'influence des sentiments sur les actes et des actes sur les sentiments.

**Rapports du sentiment et de l'idée.** — Il y a de même des rapports étroits entre les sentiments et les idées. Nous n'aimons que ce que nous connaissons, et comme nous l'avons dit ailleurs, le développement de la sensibilité est intimement lié au progrès de l'intelligence. Nous n'avons pas directement prise sur le sentiment; nous ne pouvons l'évoquer d'emblée. Mais par des voies indirectes, en faisant appel à la réflexion, en présentant à l'enfant, soit dans des récits, soit dans des exemples, des situations propres à l'émouvoir, nous pouvons, en éclairant l'esprit, trouver le chemin du cœur (1).

(1) Voyez notre *Cours de pédagogie*, p. 183.

Et par une réciprocité analogue à celle que nous constations tout à l'heure dans les rapports de l'action et du sentiment, le sentiment, à son tour, réagit sur l'intelligence.

« Les sentiments, dit Mme Necker de Saussure, ne sont pas seulement nécessaires à l'esprit pour compléter ses connaissances : ils décident de son caractère même, de la nature et du genre de son action. Toutes les pensées qui nous occupent durant la vie se déroulent pour ainsi dire en présence du sentiment qui domine dans notre cœur ; il donne sa teinte aux impressions que nous recevons, et les modifie par sa puissance. Les sentiments ont dans notre âme une existence continue, tandis que les idées ne font que passer ; et ces fugitives idées, nous ne pouvons essayer de les fixer sans que le sentiment à travers lequel elles ont défilé leur ait communiqué quelque chose de son essence. Le sentiment produit sur les idées le même effet que la musique produit sur des paroles chantées : il leur donne un caractère, un sens qu'elles n'auraient pas, présentées autrement, ou que parfois elles semblaient littéralement contredire... Du foyer des sentiments tendres et généreux, il rayonne sur l'intelligence je ne sais quelle vie, quelle douce chaleur, dont elle est intimement pénétrée (1). »

**La force de l'exemple.** — C'est peut-être dans l'éducation de la sensibilité que la force de l'exemple se manifeste le plus. On l'a répété bien souvent, le meilleur moyen d'apprendre aux enfants à aimer, c'est de commencer par les aimer soi-même. Placez l'enfant dans une famille où il n'y a point d'union, de sympathie, dans un milieu d'où je ne sais quelle sécheresse morale a exclu les affections : et très vraisemblablement l'enfant lui-même restera sec et froid. La source de la sensibilité est tarie autour de lui : il ne pourra point y puiser. Tout au contraire supposez des parents aimants, des frères ou des sœurs aînés pleins de sollicitude pour leur cadet, des voisins qui viennent de temps en temps apporter dans la maison le témoignage et l'expression joyeuse de leur sympathie amicale, un instituteur qui, comprenant son rôle, n'est

(1) Mme Necker de Saussure, *L'Éducation progressive*, t. II, p. 32.

pas seulement un maître qui gronde, mais un ami qui conseille et qui encourage, un père adoptif, animé pour ses élèves des mêmes sentiments que leurs parents : et dans ce milieu bienveillant et doux, la sensibilité de l'enfant se développera d'elle-même, comme une plante délicate dans un climat tempéré.

**Contagion des sentiments.** — La contagion, qui communique et transmet les sentiments d'un cœur à un autre cœur, se manifeste aussi dans une même âme d'un sentiment à un autre sentiment. Les émotions de la sensibilité s'engendrent les unes les autres. Une fois qu'on a fait brèche dans un cœur, en y insinuant une émotion quelconque, on peut dire que tout est gagné : de même que, dans l'éducation intellectuelle, on est assuré du succès, si l'on a obtenu un seul acte d'attention. Les diverses affections forment comme une chaîne : si l'enfant en a saisi un bout, il passera aisément d'un chaînon à l'autre, et la chaîne entière se déroulera entre ses mains. Sensible par quelque endroit, l'enfant le deviendra aisément pour tout le reste. La sensibilité n'est pas une force qui puisse se concentrer sur un seul objet : une fois excitée, elle rayonnera, et de proche en proche toutes les parties aimantes de l'âme s'enflammeront. Commençons par inspirer aux enfants l'amour de la famille, et les autres affections se développeront par surcroît.

**Les affections de la famille.** — Si le monde, comme disait Fénelon, n'est que « l'assemblage des familles », on peut dire que les sentiments, dans leur variété, dans leur complexité, ne sont pas autre chose que l'extension des affections familiales. Nous n'hésitons pas à l'avouer, l'école serait impuissante, malgré tous ses efforts, à développer la sensibilité chez des enfants qui n'en auraient pas apporté les premiers germes de leur intérieur domestique. Mais combien rares sont ceux auxquels a été refusé le sourire tendre d'une mère! Combien nombreux, et plus heureux ceux-là! ceux qui, suivant les expressions délicates d'un auteur contemporain, « avant d'apprendre à parler, ont lu *affection* dans les yeux de leurs parents ».

« Quand on vit ensemble, quand on s'aime les uns les autres, a écrit M. Bersot, quand chacun aime les autres plus que soi, quand il est heureux de ce qui leur arrive de bien, malheureux de ce qui leur arrive de mal, quand il est prêt à les soigner, s'ils ont besoin de lui, à les défendre, si on les attaque, quand il aime mieux souffrir que de les voir souffrir, et qu'on n'est tous ensemble qu'un seul cœur, alors, c'est la famille !... »

Et nous pouvons ajouter: alors c'est l'école de tous les bons sentiments! Fils aimant, on deviendra aisément ami généreux, patriote ardent, citoyen dévoué, un homme enfin capable en toutes choses de générosité et de bonté.

**L'action de l'école.** — Même en ce qui concerne le développement des affections familiales, il ne faut pas croire que l'action de l'école soit indifférente. L'instituteur peut beaucoup pour rappeler à des enfants oublieux ou légers leurs devoirs envers la famille. Qu'il leur tienne le langage que Socrate tenait à son fils Lamproclès, qui s'était montré peu respectueux envers sa mère :

« O mon fils, si tu es sage, prie les dieux qu'ils te pardonnent tes offenses contre ta mère, et à l'avenir ne l'offense plus, afin que les hommes ne te méprisent pas. De quelle vertu serais-tu donc capable, si tu ne commençais pas par aimer ta mère (1)? »

**La camaraderie.** — L'école offre d'ailleurs à la sensibilité des occasions particulières de se développer et de se manifester. A la maison, l'enfant trouve déjà, dans les actions de tous les jours, dans les services qu'il peut rendre à ses parents, de quoi exercer son dévouement. Mais à l'école ces occasions ne sont pas rares non plus. De plus, la famille n'est pas toujours complète : l'enfant n'a pas toujours des frères; quelquefois il a des frères beaucoup plus âgés,

(1) Xenophon, *Les Mémorables*.

avec lesquels, malgré l'affection qui l'unit à eux, il ne peut être en parfaite communauté d'idées, à cause de la différence d'âge. A l'école au contraire, avec des camarades qui ont les mêmes goûts, les mêmes occupations, la communauté est complète : par suite, l'affection se propage. C'est toujours parce qu'ils aiment une même chose que deux enfants commencent à s'aimer l'un l'autre. Deux frères s'aiment parce qu'ils éprouvent le même sentiment de piété filiale pour leurs parents. Deux camarades s'affectionnent parce qu'ils partagent les mêmes études, les mêmes récréations.

Rousseau commettait la plus grossière des erreurs, lorsqu'il pensait pouvoir faire un être sensible de son Émile, malgré l'isolement auquel il le condamnait. L'expérience nous prouve que les enfants qui vivent seuls ont généralement peu de tendresse, peu de générosité dans l'âme. Et la raison nous démontre que dans l'isolement, loin du monde, loin des relations sociales, les seules inclinations qui puissent se développer sont les inclinations égoïstes ou le mysticisme religieux. Il faut au développement de la vraie sensibilité la vie sociale; et voilà pourquoi la famille et l'école, qui sont déjà de petites sociétés, sont nécessaires pour assurer l'éclosion des émotions affectueuses.

**L'amitié.** — La camaraderie est le commencement de l'amitié. Tout camarade est un ami en espérance. Les amitiés d'école ou de collège ne sont pas seulement bonnes, parce qu'elles nous assurent quelques-uns des plus doux plaisirs de la vie, parce qu'elles nous attachent pour toute la durée de notre existence à quelques hommes que nous préférons à tous les autres, que nous nous sentons tenus de servir et d'obliger plus particulièrement; mais parce qu'elles nous préparent aux affections sociales en général, parce qu'elles ouvrent et élargissent notre cœur et y jettent les premiers germes du patriotisme.

**L'éducation du patriotisme.** — C'est en aimant nos camarades et en nous dévouant pour nos amis, que nous apprendrons en effet à aimer nos concitoyens et à nous dévouer pour la patrie. La première image de la patrie qui se présente à l'enfant, ce sont précisément les autres élèves de sa classe, ces camarades qui ont le même âge que lui, qui verront la même année apparaître leurs devoirs et leurs droits civiques, puisqu'ils partiront ensemble pour le régiment, et qu'ils exerceront le même jour pour la première fois leur droit d'électeur. L'amour de la patrie, c'est d'abord l'amour de nos concitoyens, et les premiers concitoyens avec lesquels l'enfant fasse connaissance, ce sont ses camarades de classe.

L'école contribuera encore à l'éducation du patriotisme, par la direction que le maître saura donner à l'enseignement de la géographie et à l'enseignement de l'histoire. La patrie, en effet, ce n'est pas seulement la génération d'hommes à laquelle nous appartenons, ni même l'ensemble des concitoyens qui vivent à la même heure que nous. La patrie n'est pas un être d'un jour ou d'un siècle : elle a son passé, son avenir. C'est en excitant habilement l'émotion de l'enfant par les récits historiques, c'est en lui racontant les grandeurs et les misères de la France dans le passé, en lui montrant comment nos aïeux ont lutté, triomphé et souffert pour son bonheur et pour sa gloire, c'est en lui parlant aussi de ses destinées, de ses ambitions légitimes pour l'avenir, que le maître trouvera la clef des cœurs et qu'il réussira à faire de ses élèves des patriotes, surtout s'il ressent lui-même avec force les sentiments qu'il veut communiquer.

Dans la famille, ce n'est pas seulement l'affection de l'enfant qui répond à l'affection des parents : c'est aussi la reconnaissance filiale qui s'émeut à la pensée des services rendus par le père et la mère. Dans la société, de même, il est bon que le citoyen se rende compte de tout ce qu'il doit à la patrie. S'il réfléchit à tous les biens que lui assure l'organisation d'un État national, qui veille à la sauvegarde des intérêts de tous ses membres, il sera plus disposé encore à servir son pays et à l'aimer de toutes ses forces.

**Le sentiment du bien.** — La sensibilité ne nous attache pas seulement à des personnes. Des objets abstraits, comme le bien, le vrai, le beau, exercent aussi sur notre âme un attrait naturel. Et la preuve qu'ils intéressent la sensibilité, c'est que nous pouvons trouver dans la pratique du bien, dans la poursuite du vrai, dans la contemplation du beau, des sources profondes de bonheur, d'inépuisables plaisirs : or, partout où il y a plaisir, il y a amour, le plaisir n'étant que la manifestation de la sensibilité satisfaite.

Le sentiment du bien, parvenu à son plus haut degré de développement, suppose une conscience morale parfaitement éclairée, où l'idée du bien et l'idée du devoir servent de principes au sentiment. Il y a alors une inclination naturelle de l'âme à faire le bien, à éviter le mal, inclination qui nous apporte plaisirs ou peines, suivant qu'elle est satisfaite ou contrariée ; et cette inclination se développe d'autant plus que l'esprit conçoit mieux l'idée du bien et l'idée du devoir.

Mais à l'origine et chez l'enfant, on ne peut songer à donner pour support au sentiment les hautes conceptions morales. Le sentiment du bien, à ses débuts, se confond avec l'affection que nous inspirent des personnes que nous aimons et qui sont chargées de diriger notre vie par leurs exemples, par leurs conseils et aussi par leurs ordres.

« Pendant bien longtemps, disait Töpffer *, je n'ai pas distingué la voix intérieure de ma conscience de la voix de mon précepteur. Aussi, quand ma conscience me parlait, je croyais lui voir un habit noir, un air magistral, des lunettes sur le nez (1). »

Ce n'est que lentement que l'idée du bien se dégage

(1) Töpffer, *Bibliothèque de mon oncle.*

des images sensibles du premier âge, et que par suite le sentiment moral acquiert toute sa force. Il n'existe véritablement en effet que lorsque les émotions auxquelles il donne naissance correspondent à de claires intuitions de la raison.

**Les autres sentiments.** — Le sentiment du vrai n'est pas moins réel que le sentiment du beau. C'est à lui que les savants, qui pendant toute leur vie poursuivent obstinément leur œuvre, doivent de ne jamais connaître la défaillance et le découragement : le plaisir de la découverte espérée ou accomplie les accompagne dans leurs recherches et suffit à soutenir leurs efforts. Sans doute, il n'est pas question de procurer aux enfants de nos écoles, ni à de futurs ouvriers, ces jouissances infinies dont les hommes de haute science connaissent seuls toute l'étendue, et dont ils ont fait maintes fois la confidence à leurs lecteurs, en remerciant la vérité dont le culte a fait leur bonheur. Mais il y a cependant, pour le plus humble écolier lui-même, une participation au sentiment du vrai, dans les plaisirs que lui procure l'étude, dans la joie que lui cause la solution trouvée d'un problème, et aussi, à un autre point de vue, dans l'humiliation que lui cause un mensonge qu'on a découvert dans ses paroles et dont il souffre et rougit. Le sentiment du vrai, en effet, n'est pas attaché seulement à la connaissance, mais aussi à l'expression de la vérité.

Le sentiment du beau n'est pas plus le privilège des artistes que le sentiment du vrai n'est réservé aux seuls savants. Assurément il n'acquiert toute sa force que chez les initiés, ou chez ceux qui bénéficient d'une éducation supérieure. Mais, jusque dans l'éducation ordinaire, il est possible, et j'ajoute, il est nécessaire, d'associer l'enfant dans une certaine mesure aux émotions de la nature et de l'art. L'élève qui mettra du goût, de l'élégance, dans tout ce qu'il fera, jusque dans son écriture, qui en outre sera exercé à goûter les beautés littéraires, à admirer un beau morceau de musique, ou une belle peinture, et qui lui-même chantera, dessinera avec art, sera récompensé de sa peine par le plaisir que procure toujours soit la contemplation, soit la production d'œuvres conformes à l'idéal.

La culture de la sensibilité, même chez les enfants du peuple, n'est complète que si aux affections généreuses qui étouffent l'égoïsme, on a su joindre les émotions nobles, délicates, élevées de la vertu, de la science et de l'art, qui détournent et dégoûtent des satisfactions grossières et purement matérielles.

## RÉSUMÉ.

145. Les **sentiments** ne sont à vrai dire que des **habitudes**; car ils ont pour caractères de ramener sans cesse nos pensées vers l'objet aimé, et de nous disposer à répéter les mêmes actes.

146. La **sensibilité** est surtout l'ensemble de nos affections généreuses, et à raison du grand rôle que les affections jouent dans la vie, **l'éducation de la sensibilité**, si elle est plus délicate et plus difficile, n'est pas moins nécessaire que **l'éducation de l'intelligence**.

147. La sensibilité ne se développe que peu à peu chez l'enfant; il ne faut point la forcer; il faut **attendre** du temps qu'il la mûrisse, et par suite **ne pas contraindre** l'enfant à manifester des sentiments qu'il n'éprouve pas encore.

148. Il y a cependant un tel rapport, une telle réciprocité d'influence entre l'action ou l'expression extérieure et le sentiment, qu'il conviendra parfois d'anticiper sur les émotions réellement ressenties.

et de demander à l'enfant d'agir dans le sens d'une inclination, avant même que cette inclination soit complètement développée en lui.

149. Le développement de la sensibilité est intimement lié au **progrès de l'intelligence :** nous n'aimons que ce que nous connaissons.

150. La **force de l'exemple** n'est nulle part plus grande que dans l'éducation de la sensibilité; aimons les enfants, et ils nous aimeront.

151. Les sentiments se communiquent d'un cœur à un autre cœur : mais dans le même cœur, par une sorte de **contagion intérieure**, ils s'engendrent les uns les autres.

152. Les **affections de la famille** sont le berceau de tous les autres sentiments : l'école serait impuissante à développer la sensibilité, si l'enfant n'apportait déjà de la maison des germes d'inclinations affectueuses.

153. L'école développe la sensibilité dans les relations de la **camaraderie**, et dans les bons rapports de l'**amitié**.

154. C'est **en aimant nos camarades**, auxquels nous lie la communauté d'âge, d'études, qui entrent en même temps que nous dans la vie sociale, qui sont appelés à la même heure que nous à exercer leurs droits et à remplir leurs devoirs civiques, que nous apprenons à **aimer nos concitoyens**, ce qui est la première condition du patriotisme.

155. L'éducation du patriotisme se complète par les récits historiques, par l'étude du sol du pays, par les réflexions que nous faisons **sur le passé**

**et sur l'avenir** de la patrie, par la considération aussi de tout ce que nous lui devons.

156. Aux affections généreuses qui combattent l'égoïsme et qui nous attachent à autrui, il faut joindre les émotions nobles et élevées qui dérivent des sentiments du **bien**, du **vrai** et du **beau**.

### AUTEURS A CONSULTER.

J.-J. Rousseau, *Émile*, livre IV. — P. Janet, *La Famille*.

# LEÇON XIII

## ÉDUCATION DE LA VOLONTÉ ET DU CARACTÈRE.

Rôle de la volonté. — La volonté et le caractère. — De l'affaiblissement des caractères. — L'éducation du caractère à l'école. — En quoi consiste le caractère. — Comment se forme le caractère. — Les méthodes d'enseignement et le caractère. — La discipline et le caractère. — Les vertus du caractère. — La vertu de l'indépendance. — La vertu du courage. — Le sentiment de la responsabilité. — La volonté du bien.

**Rôle de la volonté.** — On a assurément beaucoup fait pour l'éducation morale lorsqu'on a développé les sentiments et en général les bonnes habitudes. Mais la moralité suppose pourtant un autre élément, qui n'est autre que la volonté, c'est-à-dire le pouvoir de se déterminer librement, avec réflexion, à une action de son choix.

La volonté est parfois nécessaire pour former les habitudes elles-mêmes : car les habitudes, les meilleures notamment, ne naissent pas toujours d'actes faciles, agréables, répétés sans effort ; elles supposent souvent des actions pénibles, fatigantes, que la volonté seule nous donne la force d'accomplir.

La volonté est nécessaire encore pour maintenir les habitudes. Il se produit souvent dans notre vie morale, sous l'influence de circonstances nouvelles, des états de crise, des orages de passion, qui viennent troubler le cours régulier, accoutumé, de notre existence, et qui ébranlent dans leurs fondements mêmes nos habitudes les plus fortes.

C'est la volonté seule qui peut, dans ce cas, nous sauver et nous maintenir dans le droit chemin.

La volonté n'a pas moins à intervenir pour assurer à nos sentiments toute leur force d'action. Sans doute, tout sentiment est par lui-même un principe d'activité : il nous dispose à agir, et à agir dans un sens qu'il détermine. Il arrive parfois cependant que la sensibilité ne suffit pas pour nous entraîner aux actions que commande le devoir. On aime sa patrie : mais on n'a pas le courage nécessaire pour lui sacrifier ses intérêts personnels. On aime ses parents : mais on n'a pas l'énergie qu'il faudrait pour le leur prouver par des actes. Il y a des âmes sensibles, très sensibles, qui se contentent de s'abandonner à leurs émotions intérieures, mais qui restent molles et lâches dans l'action. La volonté est nécessaire encore pour faire sortir de leur indolence, de leur inaction, ces natures flottantes et indécises, ces sensibilités plus délicates que fortes.

Enfin, il est bien évident que ni les habitudes les plus solidement enracinées, ni les sentiments les plus développés ne constituent la moralité complète. Il nous faut, pour asseoir sur des bases indestructibles le gouvernement de notre vie, pour être véritablement libres, il nous faut une volonté toujours prête à saisir les rênes de notre conduite morale et à diriger notre activité dans les voies de la raison.

**La volonté et le caractère.** — Ce qu'on appelle la volonté, en effet, ce n'est pas le pouvoir d'accomplir une fois ou deux des actes réfléchis : c'est la faculté, sinon toujours agissante, du moins toujours prête à agir, de conformer notre vie aux ordres de la raison ; c'est, en quelque sorte, et si l'on peut associer ces deux mots, l'habitude de la volonté.

C'est cette puissance de vouloir, toujours à la portée des âmes énergiques et vraiment maîtresses d'elles-mêmes, qui constitue la force morale, ou, d'un seul mot, le caractère. Le caractère, ainsi entendu, est sans doute l'ensemble des facultés morales, par opposition aux facultés intellectuelles ; mais il est avant tout l'énergie et la fermeté de la volonté.

**De l'affaiblissement des caractères.** — Il est de mode de reprocher aux hommes de notre temps de manquer de caractère. Et de toutes parts on entend des pessimistes répéter avec complaisance que les caractères s'affaissent, que les caractères s'en vont.

Nous ne croyons pas que ces plaintes soient tout à fait légitimes et nous dirons pourquoi tout à l'heure. Mais si la justesse de ces doléances est douteuse, le sens en est du moins très clair. On veut dire que nos contemporains manquent d'énergie, de courage dans leur conduite, de solidité dans leurs convictions. Le caractère, dans ce sens particulier, n'est plus le caractère, tel que le définit, par exemple, M. Alexandre Martin dans son livre l'*Éducation du caractère*, où il est question de toutes les facultés morales. Non, quand on note l'affaiblissement prétendu du caractère dans notre siècle, on vise uniquement les facultés qui se rapportent à l'action : la force d'âme, la fermeté, les énergies courageuses de l'esprit, les qualités qui assurent l'indépendance de la personne morale. Autre chose sont les caractères, c'est-à-dire les traits distinctifs de chacun de nous, et, à ce point de vue, en raison des progrès de l'instruction, en raison des libertés politiques dont nous jouissons, il n'y a jamais eu une aussi grande diversité des caractères que de notre temps : autre chose, le caractère, pris absolument, c'est-à-dire ce qu'on pourrait définir la fixité dans les principes, la fermeté et la décision dans les résolutions, la persévérance dans l'exécution.

Est-il vrai que sur ce point nous soyons en baisse, qu'il y ait une décadence réelle du caractère? Nous ne le croyons pas, et ceux qui l'affirment sont, à notre avis, dupes d'une apparence, victimes d'une illusion, qu'il est facile d'expliquer. A d'autres époques, quand l'absence de liberté politique, de liberté religieuse, enfermait tous les individus dans le cercle infranchissable de la routine et de la tradition, dans le cadre uniforme des mêmes actions, dans la monotonie d'une existence partout réglée de la même façon, il n'était pas nécessaire, pour satisfaire aux exigences de la vie, de faire preuve de beaucoup d'énergie morale. Il suffisait d'être docile et de se laisser conduire. Les conditions de la société moderne ont changé : elles ont affranchi, émancipé, les individus; elles ont rendu chacun maître de sa destinée ; elles ont élargi la sphère d'action où se meut chaque citoyen; elles ont étendu la concurrence; elles ont engagé dans toute sa liberté, noble mais périlleuse, la lutte pour la vie. Il en résulte que la société moderne impose à tous ses membres une somme d'énergie, de courage, beaucoup plus considérable que celle qui pouvait trouver à s'exercer sous l'ancien régime. Les hommes de notre temps ont besoin de plus de caractère que les hommes d'autrefois, qui pouvaient s'en passer. De là une disproportion, qui frappe tous les yeux, entre ce qu'il faudrait de force morale pour être à la hauteur des conditions nouvelles de la vie, et ce qu'il y a d'insuffisant, au sein d'une société où l'éducation libérale n'a pas encore porté tous ses fruits, dans le degré d'énergie auquel ont pu atteindre les millions d'hommes qui composent la nation.

Ce n'est plus à quelques personnalités seulement, à quelques individus privilégiés, qu'un régime de liberté demande du caractère : c'est aux plus humbles, aux plus obscurs, c'est à tous les enfants de la grande famille démocratique. Et, pour conclure d'un mot, la vérité est qu'il n'y a pas moins de caractère qu'autrefois, mais qu'il en faudrait davantage.

**L'éducation du caractère à l'école.** — Aussi devons-nous redoubler d'efforts pour travailler, par tous les moyens possibles, à l'éducation du caractère, et pour atténuer de plus en plus l'écart qui existe encore entre les forces morales dont dispose le peuple et l'action à laquelle il est convié. Assurément, c'est à l'effort personnel surtout, c'est à l'éducation de toute la vie qu'il faut faire appel pour développer les caractères. Mais dès l'école on peut préparer le terrain, jeter quelques semences fécondes, d'où sortiront plus tard les qualités qui font l'homme. A cette question : « Les instituteurs peuvent-ils contribuer à la formation des caractères ? » nous n'hésiterons pas à répondre affirmativement. Pour répondre non, il faudrait refuser toute influence éducatrice, soit à l'enseignement, soit à la discipline scolaire.

**En quoi consiste le caractère.** — Les deux facultés qui contribuent surtout à constituer le caractère sont l'intelligence ou la raison, et la volonté. Il faut à un homme de caractère des convictions arrêtées, des principes : c'est la part de l'intelligence. Il lui faut aussi de la décision, de la résolution, de la constance : c'est la part de la volonté.

Tel homme a du courage, il se jette résolument dans l'action ; il affronte avec intrépidité le danger ; il ne se laisse pas dominer par les influences extérieures ; il est indépendant et hardi. Oui, mais n'ayant pas suffisamment réfléchi aux choses humaines, flottant entre des opinions diverses, passant selon la succession de ses caprices d'une idée à une autre, il accomplit avec la même résolution des actes contradictoires ; il ne sait pas mettre d'unité dans sa vie. Il manque de caractère.

Tel autre, au contraire, est circonspect, réfléchi ; il a pris décidément parti dans les grandes questions politiques, religieuses, sociales ; il sait où est la vérité ; il ne change pas d'opinion. Oui, mais il est timide, il n'ose pas conformer sa conduite à ses principes ; il craint sans cesse de se compromettre : il a peur de manifester ses sentiments. Il manque encore de caractère.

C'est donc à la fois sur de solides principes intellectuels, et sur une volonté courageuse, que se fonde un ferme caractère. Les deux éléments ne sont pas moins nécessaires l'un que l'autre. Hâtons-nous d'ailleurs d'ajouter qu'en général une raison éclairée et réfléchie conduit par une pente naturelle à une volonté résolue et fière. Il y a dans toute conviction solide un germe d'activité courageuse.

**Comment se forme le caractère.** — L'instituteur a donc sa part dans l'éducation du caractère ou de la volonté. D'un côté, par un enseignement intelligent, il s'efforcera de développer l'attention, la réflexion, l'habitude de penser par soi-même, de ne croire que ce qu'on a bien compris, en un mot, les facultés actives de l'esprit. D'un autre côté, par une discipline libérale, il fournira à l'enfant toutes les occasions légitimes d'agir par lui-même et d'exercer sa volonté.

**Les méthodes d'enseignement et le caractère.** — Ceux qui disent que les caractères s'affaiblissent de notre temps, s'ils disaient vrai, feraient le plus terrible des procès aux méthodes nouvelles d'enseignement. Il faudrait avouer alors que les exercices de pure mémoire, l'instruction routinière et machinale, valent mieux que les méthodes actives, que l'intuition raisonnée, que l'appel incessant à la libre intelligence.

Mais il est évident qu'il n'en est pas ainsi; si nos procédés actuels d'enseignement sont pratiqués avec habileté, si l'instituteur avisé a soin de ne pas éparpiller l'attention de l'enfant sur un trop grand nombre de sujets divers, s'il sait la ramener souvent à quelques points essentiels, surtout s'il évite le bourrage et l'instruction purement passive, s'il éveille la curiosité, l'activité, la vie de l'esprit chez ses élèves, l'école les livre à la société tout préparés à devenir des hommes indépendants, et capables, par la continuation de leurs réflexions, de se faire des opinions solides et définitives.

**La discipline et le caractère.** — De même, il n'est pas moins certain que la discipline répressive et violente d'autrefois n'avait pas, pour former le caractère, les mêmes avantages que la discipline libérale d'aujourd'hui. Par un système de compression, de sévérité excessive, de contrainte perpétuelle, on étouffait chez les enfants toute initiative; on les habituait à se laisser conduire, on les jetait dans la vie inhabiles à se gouverner eux-mêmes. Quels résultats tout différents ne devons-nous pas attendre d'une discipline, qui, même quand elle impose l'obéissance, veut que cette obéissance soit volontaire, et qui, dans toutes les occasions où l'enfant peut être livré à lui-même, le laisse maître de se conduire à sa guise, par l'effort de sa propre raison ?

Les espérances de ceux qui ont travaillé à réformer l'école moderne seraient bien trompées, si les enfants qui la fréquentent n'y apprenaient pas de plus en plus à devenir des hommes forts et vaillants. Non, il n'est pas possible qu'en introduisant plus de liberté dans le régime de la discipline scolaire, plus de lumière et plus de raison dans l'enseignement, on n'ait pas servi la cause du développement de l'énergie morale. Ne l'oublions pas en effet, c'est à proportion que nous avons plus de raison et plus de volonté que nous sommes plus aptes à déployer dans la vie les vertus du caractère.

Sans doute les sentiments, quand ils sont disciplinés, peuvent nous aider aussi et ajouter aux principes de la raison, aux énergies de la volonté je ne sais quelle inspiration ardente et souveraine. Mais en général pourtant la sensibilité, qui est de sa nature désordonnée et capricieuse, la sensibilité en fait de caractère, c'est l'ennemie. Qu'on ne dise pas que cette affirmation est contradictoire avec ce que nous avons dit du rôle moral des sentiments. Autre chose sont les sentiments éclairés par l'intelligence, affermis et définis par l'habitude : autre chose la sensibilité en général, c'est-à-dire une disposition de l'âme à s'émouvoir avec excès de toutes choses, à ne garder en rien son sang-froid et son calme.

**Les vertus du caractère.** — Un auteur contemporain, M. Maneuvrier, a exposé avec éclat, dans un livre récent, les raisons qui recommandent à l'attention des maîtres l'éducation de la volonté plus encore que l'éducation de l'intelligence.

« Développer l'intelligence et négliger la volonté, dit-il, c'est sacrifier le principal à l'accessoire (1). »

Les vertus du caractère, d'après M. Maneuvrier, peuvent être ramenées à quatre types principaux : l'indépendance, la justice, le courage, et la bonté. C'est peut-être étendre démesurément la portée du caractère que vouloir y comprendre autre chose que l'indépendance et le courage : la bonté, en effet, est plutôt l'affaire de la sensibilité, et la justice l'œuvre de l'intelligence, qu'elles ne sont l'une et l'autre des effets de la volonté.

**La vertu de l'indépendance.** — L'indépendance est, en définitive, l'essence même de la volonté ; c'est la liberté du jugement et de l'action ; ou, comme le dit M. Maneuvrier, l'habitude de se déterminer à l'action par soi-même, sans subir de contrainte extérieure.

De là, tout en sauvegardant les droits de la discipline et en maintenant l'autorité des parents ou du maître, le devoir de respecter le plus possible la liberté de l'enfant.

« Celui-là seul saura un jour prendre une résolution virile, s'incliner devant une loi qui le gêne, respecter une autorité qui lui déplait, que vous aurez habitué pendant de longues années et chaque jour à vouloir le mieux, à subordonner de lui-même ce qui l'amuse à ce qui l'instruit, et ce qu'il lui plaisait de faire à ce qu'il est moralement obligé de faire. Quand vous aurez fait un libre écolier, vous aurez préparé un libre citoyen. »

Nous n'en disconviendrons pas, mais ce que nous ne saurions accorder, c'est que, pour préparer ce « libre citoyen », il soit nécessaire d'affranchir entièrement les volontés de l'élève. La discipline de l'école, volontairement acceptée, est une école d'indépen-

(1) M. Maneuvrier, *L'Éducation de la bourgeoisie sous la République*, p. 294.

dance, quoi qu'on en dise. L'indépendance, en effet, ne consiste pas à agir au gré de ses caprices, sans règle ni frein : elle est la soumission libre à la loi. Et voilà pourquoi, comme l'affirme avec raison Mme Necker de Saussure, l'éducation publique l'emporte sur l'éducation domestique, sous le rapport de l'affermissement du caractère, du développement des vertus mâles et de l'énergie (1). Comme le remarque le même auteur, « l'obéissance à la loi soumet la volonté sans l'affaiblir ».

**La vertu du courage.** — Le courage, cette autre qualité fondamentale du caractère, « la secrète énergie qui fait entreprendre et qui fait supporter », demande, pour se développer, plus de libre initiative que l'indépendance elle-même.

On peut être indépendant, quoiqu'on ait toujours été soumis dans son enfance et dans sa jeunesse aux règles d'une discipline exacte. On est difficilement courageux, si les accidents de la vie n'ont pas mis à l'épreuve l'intrépidité du caractère. La vie scolaire, il faut bien le reconnaître, dans ses allures uniformes et réglées en tout, ne comporte guère de ces hasards, de ces circonstances imprévues, où se fait l'éducation du courage. Aussi il n'est guère contestable que les peuples civilisés sont moins courageux que les peuples sauvages.

Pour remédier, à ce point de vue, aux conséquences du régime scolaire, M. Maneuvrier recommande surtout les exercices physiques, « le sport », à la mode anglaise. Nous n'y contredirons pas, mais il ne faudrait pas oublier que le courage trouve des occasions de s'exercer ailleurs que dans les exercices du corps. On aura dans une certaine mesure favorisé l'énergie courageuse de l'enfant, si on l'habitue à affronter sans timidité les épreuves de l'interrogation, de l'exposition orale au tableau, devant des camarades

(1) Mme Necker de Saussure, *L'Éducation progressive*, l. VIII, ch. III.

qui ne sont pas toujours bienveillants, ou même, quand l'occasion s'en présente, devant des étrangers; d'une manière générale, si on l'exerce à aborder avec résolution les difficultés de l'étude. L'élève laborieux, studieux, est courageux à sa manière.

**Le sentiment de la responsabilité.** — C'est donc en respectant la spontanéité de l'enfant, germe de son indépendance et de sa liberté, qu'on fortifiera sa volonté; c'est en donnant à son instruction toutes les occasions légitimes de s'exercer; c'est en évitant tous les procédés de discipline violente, qui « brisent les volontés des enfants ».

Livré à lui-même, toutes les fois qu'il est possible de le faire sans compromettre soit la santé, soit la vertu, l'enfant trouvera dans l'exercice de sa liberté des plaisirs particuliers qui animeront encore son goût naturel d'indépendance. En même temps il acquerra peu à peu le sentiment de sa responsabilité, il comprendra qu'il dépendait de lui d'éviter telle faute, d'acquérir plus vite et mieux telle vertu. Il se rendra compte des conséquences de ses actes, et par suite il réfléchira davantage, avant de s'engager dans des actions dont il a d'avance mesuré les effets.

**La volonté du bien.** — Il ne servirait de rien, il pourrait être dangereux de développer la volonté, si à la force que l'on crée dans l'enfant on n'associait l'idée du bien, l'idée du devoir, dont la volonté ne doit être que l'instrument. En elle-même, en effet, la volonté peut être ouvrière de vice, aussi bien qu'ouvrière de vertu. Les grands criminels font preuve de volonté à leur façon. On peut vouloir le mal avec la même énergie que le bien. C'est donc la volonté du bien qu'il faut chercher à élever et à affermir : ce qui revient à dire que la culture de la volonté ne se sépare pas de la culture de la raison et de la conscience morale. Sachons vouloir, mais ne vouloir que ce qui est conforme aux lois de l'honnêteté.

## RÉSUMÉ.

157. L'éducation morale n'est complète que si, aux bonnes habitudes, aux sentiments affectueux et nobles, s'ajoute une **volonté forte**.

158. La volonté est nécessaire, pour former parfois les habitudes, pour les maintenir contre les passions, pour assurer aux sentiments toute leur force d'action.

159. Elle est nécessaire aussi pour mettre véritablement entre nos mains le **gouvernement moral** de notre vie, pour être l'instrument des décisions à prendre dans des circonstances imprévues.

160. La volonté toujours prête à agir s'appelle d'un autre nom : c'est le **caractère**.

161. Il n'est pas exact de dire, comme on le prétend souvent, que les **caractères s'affaissent** tous les jours. La vérité est que la société moderne, avec ses conditions propres de liberté plus grande, exige plus d'énergie, plus de volonté. Il n'y a pas moins de caractère qu'autrefois : mais il en faudrait davantage.

162. **L'éducation du caractère** est donc plus nécessaire que jamais, et constitue une des parties les plus importantes de la mission de l'instituteur.

163. Pour former le caractère, l'éducateur doit se rappeler que le caractère comprend deux séries d'éléments : d'une part, des **convictions arrêtées**, des **principes** : c'est la part de l'intelligence ; d'autre part, de la **décision**, de la **résolution** : c'est la part de la volonté.

164. De sorte que l'éducation devra à la fois, par un enseignement intelligent, développer les réflexions personnelles, l'habitude de penser par soi-même, et, par une discipline libérale, habituer l'enfant à l'effort, à l'initiative libre.

165. Les vertus du caractère sont surtout l'**indépendance** et le **courage**.

166. C'est en **respectant la liberté** de l'enfant qu'on le rendra indépendant ; mais il ne faut pas croire que le régime scolaire, fondé sur l'obéissance à la règle, compromette l'indépendance du caractère ; l'obéissance à la loi soumet la volonté sans l'affaiblir.

167. Le **courage**, pour se développer, réclame surtout des épreuves, des hasards, que ne comporte pas toujours la vie régulière de l'école.

168. On peut cependant, même à l'école, exercer le courage, soit dans les **exercices physiques**, soit dans les **efforts intellectuels** qu'on impose à l'enfant.

169. Le résultat d'une éducation libérale de la volonté est de fortifier le sentiment de la **responsabilité**.

170. La volonté peut être l'instrument du mal, comme l'instrument du bien ; mais c'est seulement la **volonté du bien** qu'il s'agit de cultiver.

### AUTEURS A CONSULTER.

M. ALEXANDRE MARTIN, *L'Éducation du caractère*, Paris, Hachette, 1887. — M. MANEUVRIER, *L'Éducation de la bourgeoisie sous la République*, Paris, Cerf, 1888.

# LEÇON XIV

## LA DISCIPLINE. — LES PUNITIONS ET LES RÉCOMPENSES. L'ÉMULATION.

La discipline. — Les punitions et les récompenses. — Le système des réactions naturelles. — Critique de ce système. — Nécessité des punitions. — Caractères généraux des punitions. — La punition doit être surtout morale. — Différentes espèces de punitions. — Les châtiments corporels. — Les récompenses. — Caractère général des récompenses. — Diverses espèces de récompenses. — Les éloges. — L'émulation. — But supérieur de la discipline.

**La discipline.** — Quelque effet qu'on attende de l'éducation morale proprement dite, il est impossible de concevoir un système d'éducation où il ne soit pas nécessaire de recourir parfois aux moyens disciplinaires, et d'imaginer un enfant assez porté à la pratique du bien par ses heureuses dispositions, par ses bons sentiments, par ses habitudes, pour qu'il soit inutile de le retenir par la crainte des punitions ou de l'exciter par l'espoir des récompenses.

Seulement l'important est de comprendre que la discipline, dans son sens propre, n'est pas, tant s'en faut, le tout ni même l'essentiel de l'éducation morale; qu'on n'est pas un bon maître par cela seul qu'on punit et qu'on récompense comme il convient; que les moyens disciplinaires, enfin, ne sont que des instruments accessoires de l'éducation morale dont nous avons indiqué les éléments dans les leçons qui précèdent.

**Les punitions et les récompenses.** — A part quelques utopistes, tous les pédagogues sont d'accord pour penser qu'on ne peut se dispenser de punir, ni se passer de récompenser.

« J'entends, dit M. Jules Simon, des réformateurs soutenir qu'il ne faut jamais recourir aux punitions ; que le maître et surtout le père peuvent et doivent se borner aux bons avis, aux bons exemples, s'adresser à la raison, compter sur les effets d'une émulation bien dirigée. Je ne demande pas mieux, toutes les fois que cela est possible. J'en vois d'autres qui admettent la répression et qui ne veulent pas entendre parler des récompenses. Vous ferez, disent-ils, des orgueilleux. Vous leur ôterez le sentiment de la fraternité, la juste conception de l'égalité. Non, je leur apprendrai que le travail et la bonne conduite sont la condition de tous les succès dans la vie, ce qui est un très bon enseignement. L'égalité que je révère ne consiste pas du tout à donner aux paresseux les mêmes avantages qu'aux laborieux, mais à traiter chacun selon son mérite et ses services (1). »

Nous ne nous dissimulons pas les inconvénients que peuvent présenter les punitions et les récompenses : les punitions qui intimident, qui rendent craintif, qui font parfois germer dans le cœur de l'élève des sentiments d'animosité et de révolte contre le maître ; les récompenses qui enorgueillissent, qui engendrent souvent la vanité, la jalousie. Mais ces inconvénients peuvent en grande partie s'atténuer et même disparaître, si l'on sait pratiquer avec discrétion, avec mesure, avec tact, l'art de punir et l'art de récompenser. En outre, il est tout à fait superflu de philosopher, de disserter à plaisir sur les conséquences fâcheuses des procédés disciplinaires, puisqu'il est impossible de les supprimer, puisque, malgré leurs défauts, ils constituent de véritables nécessités pédagogiques. Il faudrait sortir des conditions de l'humaine nature pour admettre que les enfants, aussi bien que les hommes, puissent être gouvernés, dans une multitude de cas, autrement que par l'espoir de la récompense ou par la crainte du châtiment.

**Le système des réactions naturelles.** — Sans

(1) *Revue de famille*, livraisons du 15 mars et du 1er avril 1888.

consentir absolument à la chimère de ceux qui rêvent une éducation sans punitions, M. Herbert Spencer s'en rapproche, lorsqu'il demande qu'on supprime tout l'appareil des punitions artificielles, pour s'en remettre à l'action de la nature.

C'était déjà le système de Rousseau, qui voulait que la nature fût seule à punir Émile, toutes les fois qu'Émile aurait commis une faute. Émile, dans un accès de colère, a brisé les carreaux de sa chambre : un bon rhume lui apprendra ce qu'il en coûte de s'exposer à l'air froid de la nuit. « N'offrez jamais, disait Rousseau, aux volontés indiscrètes de l'enfant que des obstacles physiques ou des punitions qui naissent des actions mêmes et qu'il se rappelle dans l'occasion. »

De même, M. Herbert Spencer déclare que l'enfant n'a point de meilleur maître que la nature. C'est la nature qui, par ses réactions inévitables, corrigera l'enfant de ses défauts, le punira de ses fautes, et rendra inutile l'intervention du maître. L'enfant imprudent se brûlera à la flamme des bougies, se piquera à la pelote d'épingles, et n'y reviendra plus. L'enfant qui aura mis sa chambre en désordre sera condamné à la ranger. S'il n'est pas assez diligent pour être prêt à l'heure de la promenade, on le laissera à la maison. On ne remplacera pas le canif qu'il aura brisé, ni l'habit qu'il aura jeté ou déchiré. Et ces châtiments naturels, ajoute M. Herbert Spencer, ont ce mérite particulier qu'ils sont toujours proportionnés à la violation de l'ordre des choses, la réaction étant toujours égale à l'action; en même temps qu'ils sont les plus efficaces, les plus sûrs, la nature se montrant impitoyable et inflexible dans la répression de tout acte qui est contraire à ses lois.

**Critique de ce système.** — Il serait trop long de réfuter dans toutes ses parties faibles le système séduisant que nous venons d'exposer. Bornons-nous aux critiques les plus générales.

D'abord nous sommes peu convaincu que la nature soit, dans son action, aussi morale que le prétend le pédagogue anglais. Le système de M. Herbert Spencer est fondé sur l'idée de la justice immanente des choses. Or il faut bien reconnaître que cette justice naturelle est souvent en défaut. L'intempérant n'est pas toujours puni par une indigestion ou par un mal de tête des excès qu'il a commis, et il y a des paresseux qui réussissent.

D'autre part, il n'est pas vrai que les réactions de la nature soient toujours dans un juste rapport avec la gravité de la faute commise. Tel manquement léger peut avoir des conséquences terribles : Émile, dans sa chambre ouverte à tous les vents, pourra bien ne pas prendre seulement un rhume, mais tomber sérieusement malade et mourir d'une fluxion de poitrine.

Ce qui est plus grave encore, c'est que les punitions de la nature sont parfois lentes à venir, et laissent à un défaut, qu'il s'agirait de corriger immédiatement, tout le loisir possible pour s'épanouir en pleine liberté.

« Laissera-t-on à l'adolescent, dit M. Gréard, le temps de se rendre compte tout à l'aise des résultats de sa mollesse? S'il ne fait pas ou fait mal son métier d'écolier, s'il ne règle pas son caractère, si autour de lui on ajourne la réforme de ses mauvais penchants, jusqu'à ce que les conséquences en éclatent, ce n'est rien moins que sa destinée entière qui peut être compromise. Qu'à côté du raisonnement ou de l'exemple, d'ailleurs trop souvent insuffisant, on fasse la part de l'épreuve personnelle, rien de mieux : c'est la rançon de la liberté. Mais attendre que le jeune homme s'instruise exclusivement par ses propres fautes, n'est-ce pas la plus redoutable des chimères (1)? »

Ajoutons, enfin, que le système des réactions naturelles repose sur un principe faux, à savoir qu'il ne serait pas nécessaire d'introduire dans l'éducation les idées morales, l'idée du devoir et l'idée du mérite, et

(1) M. Gréard, *Éducation et instruction* (*Enseignement secondaire*), t. II, p. 180.

qu'il suffirait de laisser l'enfant en présence de son intérêt, en le soumettant, non à l'autorité de la loi morale, mais aux seules forces aveugles et inconscientes de la nature.

Aussi M. Herbert Spencer lui-même, comme nous l'avons fait remarquer ailleurs (1), ne soutient pas jusqu'au bout sa théorie. Aux réactions de la nature il finit par joindre les réactions des sentiments d'autrui, qui se manifestent par le blâme, par le mécontentement de ceux qui entourent l'enfant et qu'il aime assez pour être touché par leur froideur. La discipline de la nature, en d'autres termes, ne peut être qu'une préparation à la discipline morale.

**Nécessité des punitions.** — Il est donc nécessaire que le maître intervienne directement, pour substituer à l'action très lente de la nature l'action intelligente de son autorité propre, autorité d'ailleurs toute impersonnelle et qui ne doit être, en général, que l'expression d'une règle immuable. De même que le meilleur gouvernement est celui où la loi règne en souveraine maîtresse et auquel participent le moins les caprices et les volontés arbitraires des hommes, de même on peut dire qu'en principe la meilleure des disciplines est celle où le maître n'agit que comme le serviteur impassible du règlement. La discipline scolaire diffère pourtant du gouvernement politique en ce sens que l'homme doit parfois apparaître derrière le maître, non sans doute pour donner libre cours à sa colère, à sa mauvaise humeur, quand il punit, mais tout au moins pour manifester sa bonté quand il récompense. Si l'on a pu dire, en effet, que la manière de donner valait mieux encore que ce qu'on donne, cela est vrai aussi de la récompense et de la manière de récompenser.

Le régime pénal de l'école comprend d'abord les réprimandes. Mais les témoignages de désapproba-

(1) Voyez notre *Cours de pédagogie*, p. 445.

tion, qui supposent que le sentiment de l'honneur ou tout au moins l'affection pour le maître, la crainte de lui déplaire, sont déjà très développés au cœur de l'élève, ne suffisent pas toujours ; ils n'émeuvent guère les enfants qui n'ont pas de respect sincère et profond pour les paroles de l'instituteur ou qui ne sont pas sensibles à la honte. Il faut donc recourir à des punitions effectives, qui, annoncées à l'avance et infligées quand il est nécessaire, atteignent l'élève, non seulement dans son amour-propre, mais aussi dans son intérêt, dans ses plaisirs. Telles sont les punitions le plus souvent usitées à l'école : le retrait des bons points, la privation partielle de la récréation, la retenue de l'élève après la classe du soir, etc.

**Caractères généraux des punitions.** — La punition, quelle qu'elle soit, doit être d'abord un moyen d'intimidation pour empêcher le renouvellement de la faute, par la crainte qu'inspire la certitude d'être puni; un moyen d'amélioration aussi. Pour cela, elle doit être présentée à l'enfant comme une sorte d'expiation, comme une compensation du mal qu'il a fait; elle doit le forcer à rentrer en lui-même, à se corriger des mauvaises inclinations qui sont les principes de ses fautes habituelles. Il serait très fâcheux, en effet, que l'élève en vînt à considérer le châtiment comme une nécessité qu'il faudrait subir, et qui serait la rançon fatale de fautes auxquelles il ne voudrait pas renoncer.

La punition, pour être juste et efficace, pour ne pas dépasser la mesure, devra satisfaire aux règles suivantes : il faut 1° qu'elle soit proportionnée, non seulement à la gravité du délit, mais aussi au degré de sensibilité de l'élève; 2° qu'elle ne devienne pas banale, qu'elle ne soit pas renouvelée trop souvent de façon à blaser l'enfant; 3° qu'elle soit graduée avec soin; on doit commencer par des punitions légères et n'épuiser que s'il est nécessaire les dernières sévérités du règlement.

Mais surtout il faut s'attacher à établir dans l'esprit de l'enfant une liaison intime entre la peine et la faute commise.

**La punition doit être surtout morale.** — C'est ce caractère moral de la punition qu'exprime bien le passage suivant, que nous empruntons à M. Anthoine :

« Punir, dit M. Anthoine, c'est infliger une douleur dont le souvenir persiste comme un avertissement de ne plus tomber dans la même faute. La nature de cette douleur dépend de la nature de l'être à qui elle s'adresse ; elle sera nécessairement physique pour l'être matériel, pour celui qui ne vit et qui ne sent que par le corps ; mais, dans cet ordre même, combien de degrés, depuis le coup de fouet, qui fait hurler le chien ou qui ensanglante le dos de l'enfant, jusqu'à la privation de la friandise, dont a été au moins menacé le plus gâté des enfants ! Pour celui dont on a su cultiver et affiner la nature morale, la punition peut être purement morale.

« Si je me rappelle bien les jours de mon enfance, ce qui m'a toujours le plus puni dans une punition, c'est l'idée que j'étais puni (1). »

**Différentes espèces de punitions.** — Lorsque le maître a acquis sur ses élèves une véritable autorité, quand il a su se faire aimer et faire aimer la classe, il peut facilement varier les procédés de la discipline ; il peut imaginer des punitions qui, sans effet ailleurs, sont très efficaces dans son école. On cite, par exemple, des maîtres qui, s'ils ne sont pas contents d'un élève, se bornent à le retrancher du nombre de ceux qu'ils emmèneront avec eux à la promenade du jeudi suivant. Ailleurs, dans une école où il y a une heure d'étude, avant ou après la classe, selon la saison, la punition la plus sensible est d'interdire aux élèves l'entrée de cette étude.

**Les châtiments corporels.** — On sait que, dans la question des châtiments corporels, la pédagogie française, qui les interdit, se distingue profondément de

(1) M. Anthoine, *op. cit.*, p. 17.

la pédagogie étrangère, qui les tolère le plus souvent et, parfois, les recommande. En Allemagne, notamment, on en est encore à écrire des plaidoyers très pressants en faveur des corrections matérielles. Elles sont efficaces, dit-on; elles ne demandent pas beaucoup de temps; elles conviennent parfaitement pour des enfants chez lesquels « l'être physique l'emporte sur l'être intellectuel et moral ». Les circulaires officielles du gouvernement bavarois limitent le nombre et la nature des coups : six coups de verge dans la main, ou, dans les cas graves, six fouettées. Des pédagogues graves discutent sur les avantages respectifs du bâton et de la verge; ils se demandent si le bâton doit être flexible et lisse, de la grosseur du petit doigt, sur quelles parties du corps la correction doit être administrée. On appelle enfin « fausse humanité » notre répugnance française pour ces procédés d'un autre âge, et l'on cite avec admiration la plaisanterie du Dr Zimmerman*, qui disait : « Notre bouleau est un arbre précieux, ne serait-ce que parce qu'il produit l'instrument éminemment pratique, grâce auquel l'éducation de l'homme a été poussée au point culminant qu'elle atteint aujourd'hui. »

Nous ne sommes pas disposé, pour notre part, à reconnaître les mérites du bouleau, ni à admettre la légitimité d'une discipline que Locke jugeait déjà la plus mauvaise de toutes.

« Les châtiments de ce genre, disait-il, bien qu'ils contiennent une méthode expéditive et commode pour la paresse des maîtres, ont le tort de ne pas exercer à vaincre l'inclination mauvaise; et, en outre, ils ont pour résultat nécessaire de faire haïr à l'enfant des choses que le devoir des précepteurs serait précisément de leur faire aimer. De plus, une discipline servile fait des caractères serviles. Même dans le cas où la sévérité poussée jusqu'à ses dernières limites parvient à corriger l'enfant, elle met souvent à la place une maladie pire encore et plus dangereuse : elle fait de pauvres créatures sans énergie (1). »

(1) Locke, *Quelques pensées sur l'éducation*, p. 55 et suivantes.

**Les récompenses.** — Quand on parle de discipline, la première idée qui vient à l'esprit est celle des punitions; mais les récompenses, elles aussi, font partie des moyens disciplinaires, et même un bon système de récompenses peut rendre inutile dans une certaine mesure l'emploi des punitions. Proscrire les récompenses, ce serait vouloir exclure de l'éducation un ressort des plus importants, c'est-à-dire l'émulation.

« Faute de l'aiguillon de l'émulation, disait Pascal, les élèves de Port-Royal tombent dans la nonchalance. Émile, qui n'a ni aiguillon, ni frein, écrivait Voltaire, finira par faire des sottises : et le cinquième livre de Rousseau n'est pas précisément pour démontrer le contraire. La récompense est le témoignage qui traduit aux yeux de l'enfant, comme aux yeux de tous, l'estime dont il est l'objet (1). »

**Caractère général des récompenses.** — De même que la punition a pour but d'établir dans l'esprit de l'enfant une association d'idées entre la faute commise et une souffrance, une privation quelconque, de même la récompense est destinée à unir l'idée du devoir accompli et celle du plaisir qui en résulte.

L'enfant ne pourra jamais être conduit par le seul attrait du bien recherché pour lui-même. Le sentiment du devoir réduit à ses propres ressources, disait Guizot, ne saurait être pour l'enfant un mobile suffisant. Pourquoi donc refuser de profiter des principes d'activité que Dieu a rendus inséparables de la nature humaine, en donnant aux hommes des besoins, des intérêts, des passions? Mais, bien entendu, il ne faut, par les récompenses, exciter dans ces sentiments que ce qu'ils contiennent de noble et de bon. Les récompenses qui favorisent le développement des mobiles dangereux doivent être impitoyablement proscrites. De ce genre sont les récompenses purement matérielles, qui, d'une façon générale, fortifient chez l'en-

(1) M. Gréard, *op. cit.*, p. 182.

fant le goût du plaisir, qui, par exemple, encourageraient la gourmandise chez les garçons, la coquetterie chez les filles.

Un pédagogue contemporain, M. Alexandre Martin, fait observer avec raison qu'il y a une grande différence entre la récompense promise à l'avance, et que l'élève réclame comme une espèce de salaire avec l'âpreté d'un créancier, et la récompense inattendue, accordée en toute liberté par les parents ou par le maître, et qui, arrivant à la suite du devoir accompli, vient simplement augmenter le plaisir que l'enfant trouve déjà dans sa conscience satisfaite. Malgré la justesse de ces observations, il est à peu près impossible, au moins dans l'éducation publique, de souscrire aux conclusions de l'auteur, qui voudrait écarter les récompenses du premier genre, les récompenses annoncées et prévues (1). A l'école, les récompenses, comme les châtiments, doivent être pour la plupart fixées par un règlement, dont le maître ne s'écartera que le moins souvent possible.

**Diverses espèces de récompenses.** — Les récompenses varient avec la nature des sentiments qu'elles visent chez l'enfant. Tantôt, comme les caresses, elles ne s'adressent qu'aux sentiments affectueux, et sont surtout à leur place pendant le premier âge; tantôt, comme les louanges, elles flattent l'amour-propre et le besoin d'approbation; tantôt, comme les prix, les livrets de caisse d'épargne, qu'on distribue parfois dans les écoles, elles répondent aux instincts intéressés.

Les pédagogues belges recommandent : 1° l'approbation du maître; 2° les bons points; 3° les prix ; 4° l'inscription des travaux écrits dans le livre d'honneur; 5° le plaisir de répondre.

C'est à peu près la liste des récompenses usitées dans les écoles françaises. M. Rendu (2) les énumère

(1) M. Martin, *L'Éducation du caractère*, p. 314.
(2) M. Rendu, *Manuel de l'enseignement primaire*, p. 100.

ainsi qu'il suit : classement sur les bancs, d'après le résultat mensuel des compositions et des interrogations ; bons points accordés à la conduite, à l'application ; exemptions et billets de satisfaction ; inscription sur le tableau d'honneur exposé dans l'école : médailles et décorations ; distribution de prix.

**Les éloges.** — Toutes les récompenses, en définitive, ne sont que les signes extérieurs de l'approbation du maître et du jugement qu'il porte sur le mérite de ses élèves. C'est leur mérite, en effet, et non les dons naturels de leur intelligence, qu'il faut récompenser. On ne doit jamais louer les enfants, disait Guizot, de ce qui n'a pas dépendu de leur volonté, de ce qui ne leur a pas coûté un effort et un sacrifice. Dans ces limites, la meilleure des récompenses est assurément l'éloge décerné par le maître, éloge qui sera d'autant plus efficace que le maître aura su inspirer plus d'affection et plus de respect, et que l'élève éprouvera plus vivement le sentiment de l'honneur (1).

**L'émulation.** — Les éloges, les récompenses de toute espèce, ne sauraient produire leur effet, si l'on n'a pas fait appel à ce principe puissant d'activité qu'on appelle l'émulation, et qui est fait à la fois d'un sentiment personnel, fondé sur l'amour-propre, et d'un sentiment plus élevé, de je ne sais quelle aspiration à l'excellence, à la perfection. L'émulation, en effet, se rapproche, par les côtés les plus nobles de sa nature, de l'ambition généreuse, de l'amour de la gloire. Assurément l'émule veut avant tout égaler ou surpasser son concurrent, mais il poursuit aussi son idéal ; et le rôle de l'éducateur doit être de développer l'émulation dans ce sens, en la détournant de ses tendances égoïstes pour la diriger vers la recherche du bien.

L'émulation est un ressort délicat, qu'il faut manier avec prudence, qui ne doit pas être tendu outre me-

(1) M. Aubert, *op. cit.*, p. 391.

sure; mais qui, entre les mains d'un maître habile, anime la classe, excite à l'étude et entretient dans les esprits une noble ardeur.

**But supérieur de la discipline**. — La discipline, avec ses punitions et ses récompenses, a pour premier résultat de maintenir dans la classe l'ordre et la bonne tenue, d'y introduire des habitudes de travail. Mais il s'en faut qu'elle ait atteint son but, si elle se contente de cette satisfaction immédiate qu'éprouve un maître, quand il voit le silence régner autour de lui dans les rangs de ses élèves attentifs et studieux. Ce résultat, on pourrait l'obtenir même avec une mauvaise discipline, avec une discipline de fer, qui considère chaque élève comme un être à dompter. Il est nécessaire que le maître vise plus haut, qu'il regarde par delà sa classe, qu'il songe à l'avenir de ses élèves. Un jour prochain viendra où ils auront à se conduire eux-mêmes, où ils ne seront plus soumis aux règles de l'école. Et alors apparaît plus encore la nécessité d'une discipline, à la fois douce et forte, affectueuse et sévère, d'une discipline libérale, qui, tout en dominant l'enfant, se garde de l'humilier, de l'asservir, d'anéantir ses penchants naturels, et qui le prépare à devenir un homme, c'est-à-dire à rester libre tout en obéissant à la loi.

## RÉSUMÉ.

171. L'éducation morale la mieux dirigée, celle qui s'attache à former les habitudes, à cultiver les sentiments, à développer la volonté, ne peut elle-même se passer de la **discipline**, c'est-à-dire d'un **système de punitions et de récompenses**.

172. Les punitions et les récompenses ont sans doute leurs inconvénients : elles peuvent, les unes,

humilier l'enfant, exciter l'esprit de révolte : les autres, enorgueillir l'élève, inspirer la vanité ; mais elles n'en sont pas moins **nécessaires**, et l'habileté de celui qui en use peut en corriger les défauts.

173. C'est une chimère de vouloir gouverner les enfants, sans recourir à la **crainte de la punition** ou à l'**espoir de la récompense**.

174. C'est une chimère aussi de vouloir confier à la **nature** seule le soin de punir l'enfant.

175. Le système des **réactions naturelles** est inacceptable, parce que la nature n'est pas toujours juste, parce que son action est lente, disproportionnée parfois à la gravité de la faute commise, parce qu'enfin ce système substitue les calculs de l'intérêt aux idées morales.

176. Le maître doit intervenir directement par des **réprimandes**, par des **punitions effectives**.

177. Les punitions doivent être à la fois des **moyens d'intimidation** et des **moyens d'amélioration**.

178. Il faut, pour que le châtiment soit efficace, que l'élève puni sente surtout dans la punition la **honte d'être puni**.

179. Lorsque l'autorité d'un maître est solidement établie, il lui est aisé d'imaginer des punitions nouvelles et de **varier ses moyens disciplinaires**.

180. Les **châtiments corporels**, encore tolérés dans la pédagogie étrangère, sont les plus mauvais de tous.

181. La discipline ne comprend pas seulement

des moyens de répression : elle a recours à des moyens d'excitation et d'encouragement, qui sont les **récompenses.**

182. La récompense a pour but d'**associer** à l'idée du **devoir** accompli l'idée d'un **plaisir** qui en résulte.

183. Il faut savoir faire un choix entre les divers sentiments que les récompenses visent et atteignent : le principal est l'**amour-propre**, source de l'**émulation.**

184. Les récompenses ne doivent être que les signes extérieurs de l'**approbation du maître** et du jugement qu'il porte sur le mérite de ses élèves.

185. Le but supérieur de la discipline n'est pas seulement de maintenir dans la classe l'ordre et les habitudes de travail : c'est de préparer les enfants à devenir des hommes et à se **gouverner eux-mêmes.**

---

## AUTEURS A CONSULTER.

M. Gréard, *Éducation et instruction (Enseignement secondaire)*, t. II : *L'esprit de discipline dans l'éducation.* — M. Herbert Spencer, *Essais sur l'éducation : Éducation morale.* — Guizot, *Conseils d'un père sur l'éducation : Des moyens d'émulation.*

FIN.

# INDEX[1]

## DES NOMS PROPRES ET DES TERMES TECHNIQUES CONTENUS DANS CE VOLUME

### ET MARQUÉS D'UN ASTÉRISQUE.

**A**

**Agora**, la place publique à Athènes, comme le Forum à Rome.

**Anatomie**, la science qui étudie l'organisation, la structure du corps humain, tandis que la physiologie en étudie les fonctions.

**Anémie**, état de faiblesse qui consiste en un appauvrissement du sang : *anémié*, mot nouveau, adjectif de *anémie*.

**Anthoine**, inspecteur général de l'enseignement primaire, mort il y a quelques années, jeune encore, après avoir rendu d'éminents services à l'instruction publique. Un de ses élèves, devenu un brillant littérateur, M. Jules Lemaître, a recueilli dans un volume très intéressant, sous ce titre : *A travers nos écoles, Souvenir posthume*, quelques essais pédagogiques de M. Anthoine, où l'on retrouve les qualités de cet esprit délicat et distingué et de ce cœur excellent.

**Arago** (François), savant français né en 1786, mort en 1853.

1. Nous ne reproduisons pas dans ce lexique les mots et les noms qui figurent déjà dans le lexique de la première partie de notre *Cours de psychologie appliquée à l'éducation*.

**Ascétisme**, la doctrine ou la pratique de ceux qui considèrent tous les plaisirs comme des péchés et se consacrent à la vie spirituelle.

**Auguste Comte**, mathématicien et philosophe, le principal fondateur de la philosophie positiviste, celle qui exclut la métaphysique, les causes premières, et se confine dans l'étude des phénomènes; né à Montpellier en 1798, mort en 1857.

B

**Bacon** (1560-1626), philosophe anglais, l'un des inspirateurs de la méthode d'observation et d'expérimentation, dont il a exposé les règles dans le *Novum Organum*.

C

**Carrousel**, tournoi où les chevaliers, divisés en quadrilles, se livraient à certains jeux et exercices.

**Ceste**, nom d'un gantelet qui servait pour combattre à coups de poings.

**Champ de Mars**, lieu consacré, à Rome, aux exercices militaires.

**Claude Fleury** (l'abbé), ancien ecclésiastique (1640-1723), ami et collaborateur de Fénelon.

**Coménius** (1592-1671), célèbre pédagogue, auteur du *Janua linguarum* et de l'*Orbis pictus*.

D

**Diesterweg**, né à Berlin en 1790, mort en 1866, pédagogue allemand, directeur de l'École normale de Berlin : M. Goy, directeur de l'École normale de Toulouse, a publié des extraits de ses œuvres, traduites en français.

**Dupanloup**, né en 1802, mort évêque d'Orléans il y a quelques années, a joué un assez grand rôle dans la politique de ce siècle, et s'est distingué par la fougue de son éloquence, par son ardeur religieuse, dans sa lutte contre les idées modernes.

E

**Edgeworth** (miss), née en 1770, morte en 1849,

écrivain anglais, a publié des romans et des livres d'éducation qui lui valurent une renommée considérable.

**Euristique**, mot à mot d'un terme grec : « qui découvre » ; c'est le même mot qu'*inventif*, avec cette différence que inventif dérive du latin, et euristique du grec.

**Ex cathedra**, mot à mot : « du haut de la chaire », locution latine devenue familière en français et qui s'applique aux leçons didactiques.

G

**Genlis** (Mme de), née en 1746, morte en 1830, gouvernante des enfants du duc d'Orléans, a publié un nombre considérable d'ouvrages aujourd'hui un peu oubliés.

**Gladiateurs**, ceux qui combattaient dans les jeux du cirque, à Rome, avec des armes tranchantes, soit entre eux, soit avec des bêtes féroces.

**Goumy** (M. Édouard), professeur à l'École normale supérieure de la rue d'Ulm.

**Gratiolet**, naturaliste français, né en 1815 à Sainte-Foy (Gironde).

**Gymnase**, lieu où les Grecs se réunissaient pour s'exercer à lutter, à jeter le disque, et autres jeux de force.

H

**Horace Mann**, homme d'État américain, un de ceux qui ont le plus contribué à réformer l'enseignement du peuple aux États-Unis ; né en 1796, mort en 1859. M. Gaufrès a publié cette année même une intéressante étude sur la vie et les œuvres de Horace Mann.

L

**Laboulaye**, né en 1811, mort il y a quelques années professeur au Collège de France, un des chefs du parti libéral sous l'empire, a écrit un grand nombre de livres remarquables.

**La Chalotais**, procureur général au Parlement de Rennes (1701-1785), un des parlementaires qui ont le plus vivement combattu, au XVIIIe siècle, la société de

Jésus, et le plus contribué à régénérer l'éducation.

**Lawn-tennis**, jeu anglais importé en France.

**Léonard de Vinci**, peintre célèbre de l'école florentine, né en 1452, mort en 1519.

M

**Michel-Ange**, célèbre peintre, sculpteur et architecte (1474-1564).

**Moigno** (l'abbé), né en 1804, mathématicien français, auteur d'un grand nombre d'ouvrages de vulgarisation scientifique.

N

**Naville**, éducateur, écrivain pédagogique et économiste, né à Genève en 1784, mort en 1846.

P

**Palestre**, une des formes de la lutte corps à corps chez les Grecs et les Romains.

**Paz** (Eugène), gymnasiarque et journaliste français, né en 1837, un de ceux qui ont le plus contribué à ranimer le goût des exercices physiques.

**Pécaut** (M. Félix), l'inspecteur général de l'enseignement primaire, délégué à la direction de l'École normale supérieure de Fontenay-aux-Roses.

**Pécaut** (Élie), fils du précédent, auteur de plusieurs ouvrages distingués relatifs à l'enseignement de l'hygiène et aussi à l'éducation morale et esthétique.

**Physiologie**, la science qui traite des fonctions des organes.

**Plastique**, se dit de tous les arts du dessin, de tous les arts qui ont pour objet de reproduire les formes des corps et des objets.

**Pugilat**, combat à coups de poings en usage dans les anciens gymnases.

S

**Steeg** (M.), homme politique et écrivain français, député de la Gironde.

T

**Table rase**, expression

philosophique mise à la mode par Locke et Condillac, et qui consiste à représenter l'âme à la naissance comme une surface lisse sur laquelle rien n'a été encore imprimé.

**Tôpffer**, né en 1799, mort il y a quelques années à Genève, instituteur, chef d'un pensionnat, romancier et moraliste.

**Tournoi**, fête militaire où les chevaliers du moyen âge déployaient leur adresse en joutant ou en combattant les uns contre les autres.

V

**Vinet**, né à Lausanne en 1799, mort en 1847, pasteur et professeur de théologie à l'Académie de Lausanne, s'est beaucoup occupé de la littérature française, a écrit des *Études* remarquables sur Pascal, et un grand nombre d'autres ouvrages.

Z

**Zimmermann**, médecin et philosophe suisse (1728-1795).

# TABLE DES MATIÈRES

## PREMIÈRE LEÇON

### A. — **Education physique.**

HYGIÈNE GÉNÉRALE.



## LEÇON II

JEUX ET EXERCICES DE L'ENFANT. — GYMNASTIQUE.

## LEÇON III

### B. — Education intellectuelle.

DÉVELOPPEMENT DES FACULTÉS AUX DIFFÉRENTS AGES. — LEUR APPLICATION AUX DIVERS ORDRES DE CONNAISSANCES.



## LEÇON IV

ÉDUCATION INTELLECTUELLE. — ÉDUCATION DES SENS. — PETITS EXERCICES D'OBSERVATION.



## LEÇON V

ROLE ET CULTURE DE LA MÉMOIRE ET DE L'IMAGINATION.

## LEÇON VI

ROLE ET CULTURE DU JUGEMENT ET DU RAISONNEMENT.



## LEÇON VII

LA MÉTHODE. — SES DIFFÉRENTS PROCÉDÉS. — INDUCTION ET DÉDUCTION.



## LEÇON VIII

MÉTHODES D'ENSEIGNEMENT. — ÉTUDE PARTICULIÈRE DES PROCÉDÉS APPLICABLES A CHACUNE DES PARTIES DU PROGRAMME.

## LEÇON IX

MÉTHODES D'ENSEIGNEMENT. — L'EXPOSITION ORALE ET LES INTERROGATIONS.



## LEÇON X

MÉTHODES D'ENSEIGNEMENT. — LE TRAVAIL PERSONNEL DE L'ÉLÈVE.



## LEÇON XI

### C. — **Education morale.**

DIVERSITÉ NATURELLE DES INSTINCTS ET DES CARACTÈRES. — MODIFICATION DES CARACTÈRES ET FORMATION DES HABITUDES.

3114-89. — CORBEIL. Imprimerie CRÉTÉ.